FALKEN FARBIG

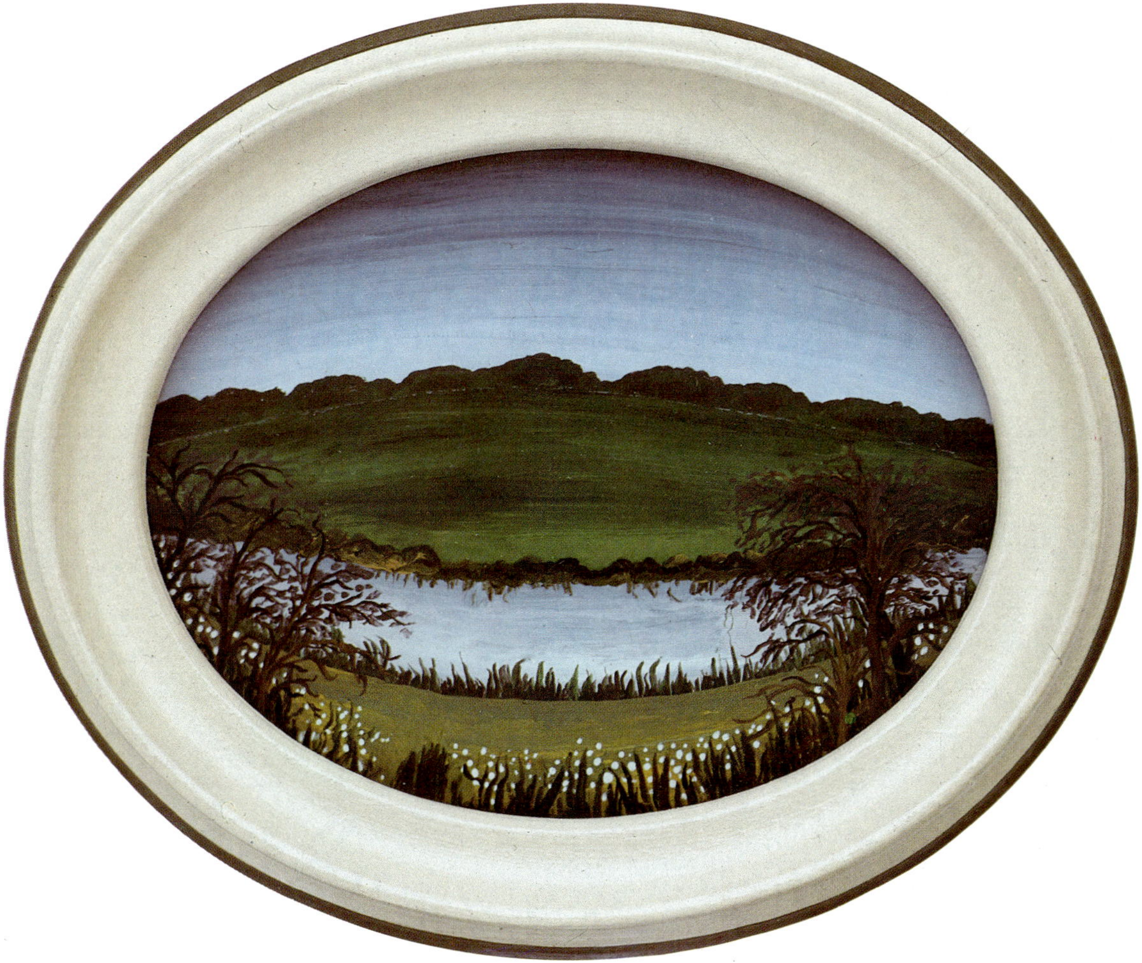

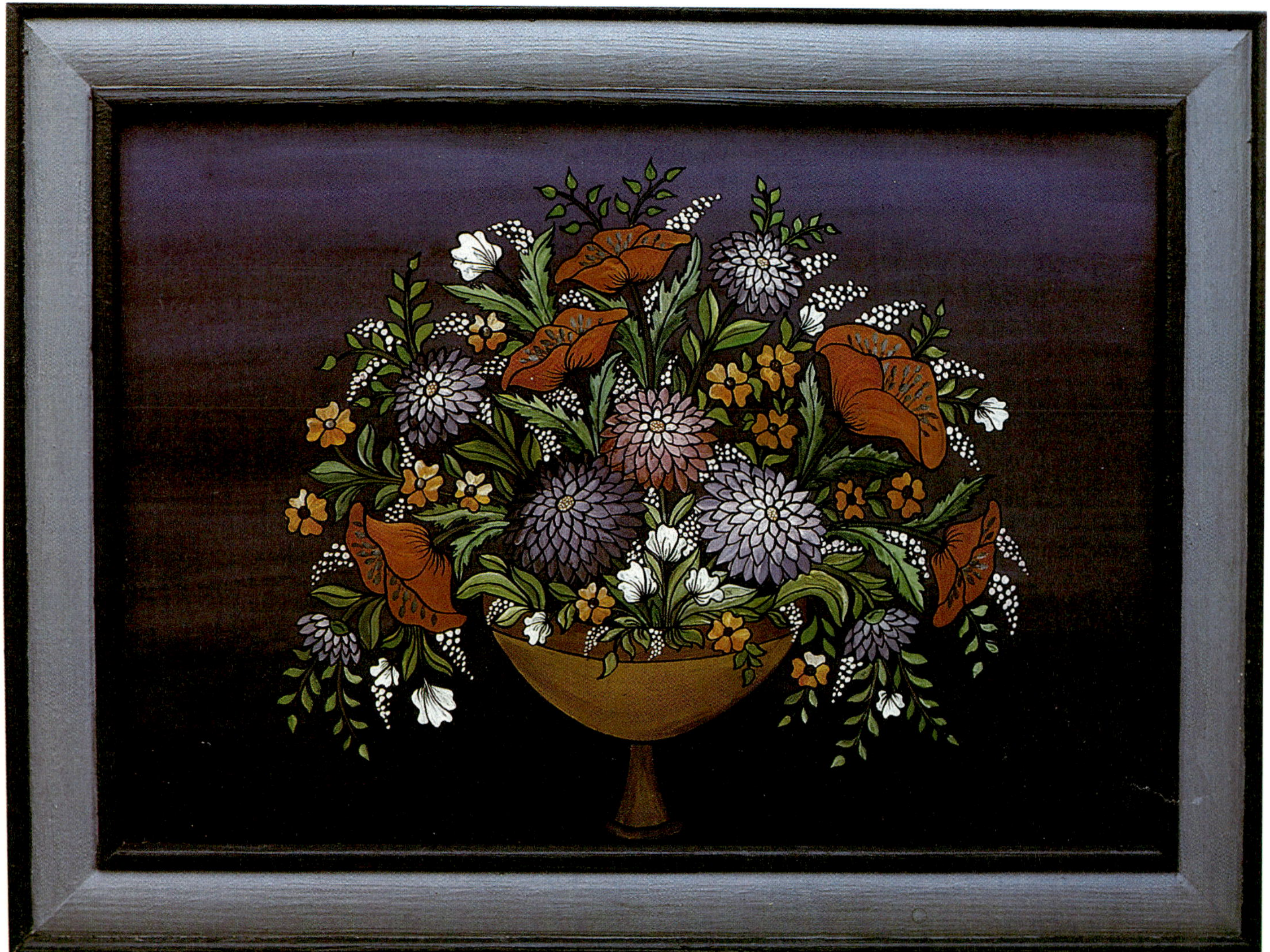

Felizitas Krettek

Naive Hinterglasmalerei

Materialien · Techniken · Bildvorlagen

Falken Verlag

Von der gleichen Autorin sind im Falken-Verlag erschienen:
»Naive Malerei – leicht gemacht« (Nr. 5083)
»Glasmalerei als Kunst und Hobby« (Nr. 4088)

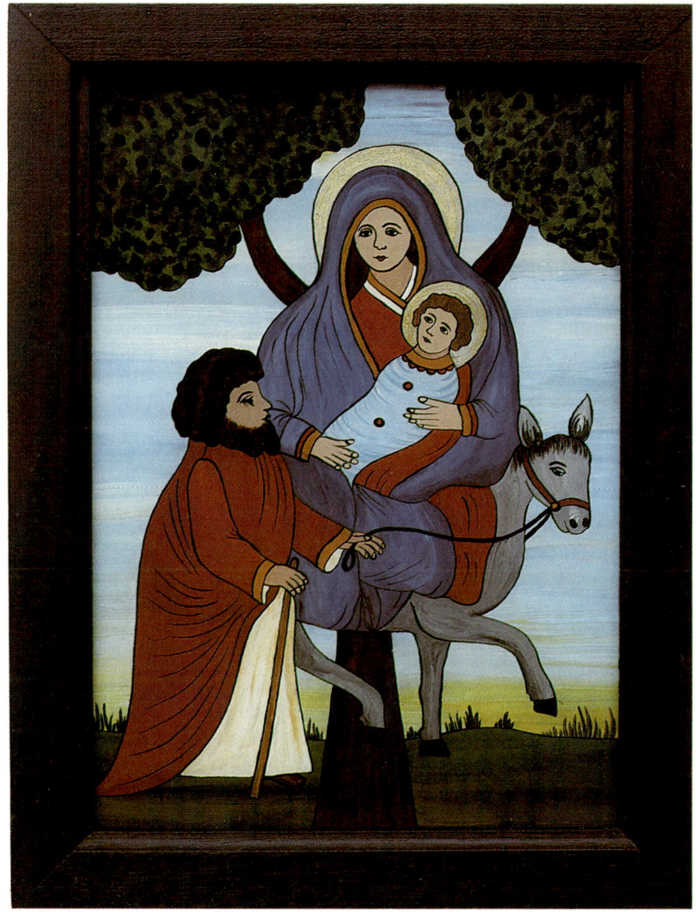

Ein beliebtes Motiv für Hinterglasbilder: Die Flucht nach Ägypten.

ISBN 3 8068 5145 X

Titelbild: Felizitas Krettek
Fotos: Norbert Ackermann
Bilder und Rißzeichnungen: Felizitas Krettek

Satz: H. G. Gachet & Co., Langen
Druck: Karl Neef GmbH & Co., Wittingen

817 2635 4453 62

Titelbild: Ein fröhlicher Bauernhof im Stil der Naiven Malerei.
Bild Seite 1: Diese Landschaft ist ganz ohne Konturen gemalt.
Bild Seite 2: Blumenmotive passen zu jeder Einrichtung und sind leicht zu malen.

Inhalt

Hinterglasmalerei – ein Hobby für jedermann

Hinterglasmalerei ist eine Technik des Malens, bei der die Farben auf der Rückseite einer Glasscheibe aufgetragen werden. Das fertige Bild ist dann durch die Scheibe zu sehen, welche die Farben nicht nur schützt, sondern ihnen wegen der Spiegelung des Glases, einen ganz eigenen Glanz verleiht. Der Farbträger Glas läßt die Töne außerdem besonders leuchtend erscheinen, weil das durchsichtige Material im Gegensatz zu jedem anderen üblichen Malgrund keine eigene Farbe beisteuert. Da der Farbaufsatz auf der Rückseite des Bildes erfolgt, ergeben sich beim Malen von Hinterglasbildern einige Besonderheiten, die den Reiz dieser Technik ausmachen.

Das Motiv muß seitenverkehrt geplant und gezeichnet werden, da das fertige Bild ja umgedreht an die Wand gehängt wird. Auch beim Malen muß man in umgekehrter Reihenfolge vorgehen als gewohnt. Zunächst werden Details und Einzelheiten angelegt, und erst ganz zum Schluß wird der Hintergrund ausgemalt.

Diese Besonderheit hat dazu geführt, daß Hinterglasmaler in der Regel recht einfache, in der Linienführung klare Motive bevorzugen. Man hat das Gefühl, daß der Maler eines Hinterglasbildes mit wenigen Strichen und nicht allzuvielen verschiedenen Farben das Wesentliche eines Themas deutlich gemacht hat, wobei die Vereinfachung mitunter soweit geht, daß das Motiv einen symbolhaften Charakter bekommt. Hinterglasbilder bestechen durch ihre schlichte Ursprünglichkeit, ihre ungekünstelte Darstellungsform und die unmittelbare Ausdruckskraft ihrer Farben.

All dies ermuntert den Hobbymaler, sich selbst in der Hinterglasmalerei zu versuchen. Glas als Farbträger zu verwenden mag vielen von Ihnen zunächst neu und ungewohnt erscheinen, aber noch mehr Bedenken verursacht meist die Methode des seitenverkehrten Malens. Keine Angst! Dieses Büchlein wird zeigen, wie es gemacht wird, so daß auch Sie ein erfolgreicher Hinterglasmaler werden. Sehr schnell erfaßt man, warum zunächst dieser und danach jener Farbauftrag zu erfolgen hat. Mit ein wenig Geduld und Ausdauer gelangt man schrittweise zu einem bereits gut gelungenen Erstlingsbild und ist dann selbst ganz überrascht, daß das vermeintliche Problem des Malens hinter dem Glas eigentlich gar keines ist.

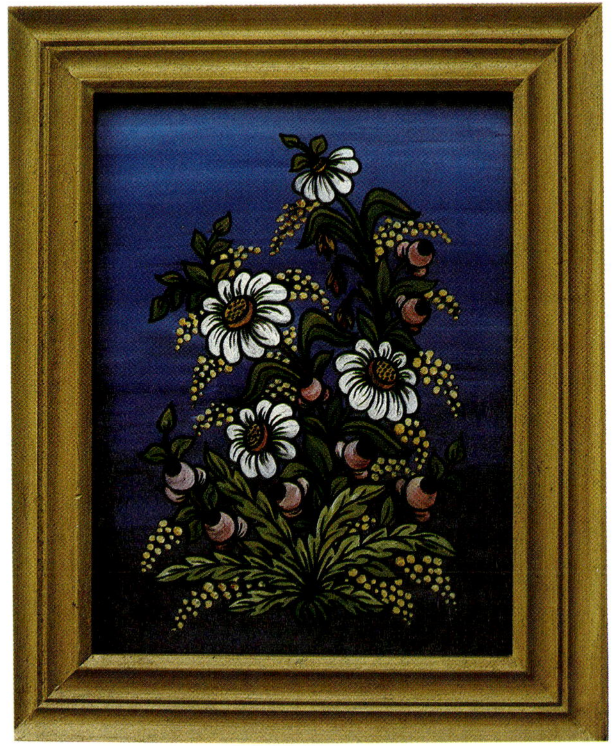

Blumengebinde jeder Art und Größe sind nicht nur sehr dekorativ, sondern auch einfach zu malen.

Bereits Schulkinder sind in der Lage, in dieser Technik kleine Meisterwerke zu schaffen, wenn sie entsprechend angeleitet werden, zumal sie meist recht unbekümmert ans Werk gehen. Es versteht sich von selbst, daß ungeübte Hobbymaler mit einfachen und klar vorgezeichneten Motiven beginnen sollten, damit zunächst die wesentlichen Merkmale und technischen Besonderheiten der Hinterglasmalerei begriffen werden. Mit zunehmender Übung wächst selbstverständlich auch der Erfolg, so daß man sich dann schwierigeren Motiven oder verfeinerten Techniken zuwenden kann.

Ein Blick in die Geschichte

Glas war in früheren Jahrhunderten wegen seiner komplizierten und aufwendigen Herstellung von Geheimnissen umgeben, und seine Herstellung gehörte zum Gebiet der Alchemie. Glaskunstmeister, die im Dienste ihrer Auftraggeber, meist der regierenden Fürsten eines Landes, arbeiteten, wurden streng kontrolliert. Man isolierte ihre Arbeitsplätze und hielt sie zeitweise fast wie Gefangene in dem Bestreben, ihr Wissen und ihre Erfahrung zum Wohle des Landes und des Geldsäckels des jeweiligen Herrschers in bare Münze zu verwandeln. Die Rezepturen für die Herstellung von Glas hütete man wie Staatsgeheimnisse, und ihre Preisgabe war bei strengster Strafe untersagt. Dieser so überaus kostbare Werkstoff Glas mit seiner glatten Oberfläche und seiner besonderen Wirkung der Lichtdurchlässigkeit reizte seit seiner Erfindung Künstler und Kunsthandwerker, ihn gestalterischen Zwecken nutzbar zu machen. Hohl- und Flachgläser erhielten je nach Verwendungszweck eine veredelte Oberfläche durch Schleifen, Ätzen, Vergolden, Verspiegeln oder Bemalen. Diese einzelnen Techniken wurden vielfach untereinander kombiniert, wodurch Zierelemente entstanden, die nicht nur wegen ihrer kunsthandwerklichen Meisterschaft, sondern auch wegen ihrer Schönheit und Harmonie bis in die heutige Zeit bestechen.
Es ist überliefert, daß sich im Laufe von Jahrhunderten viele große Maler in der Kunst der Hinterglasmalerei versucht haben. Künstler, die beispielsweise vorwiegend Ölbilder auf Leinwand schufen oder sich als Freskenmaler spezialisiert hatten, konnten dem spröden und dennoch glatten Werkstoff Glas und der durch ihn bedingten spezifischen Technik des Gestaltens nicht widerstehen. Leider sind verhältnismäßig wenige Werke erhalten geblieben, was durch die leichte Zerbrechlichkeit des Materials zu erklären ist. In unserem Jahrhundert erhielt die Hinterglasmalerei durch Maler der Gruppe »Blauer Reiter« neuen Auftrieb, wobei besonders Franz Marc und Wassily Kadinski zu erwähnen sind.

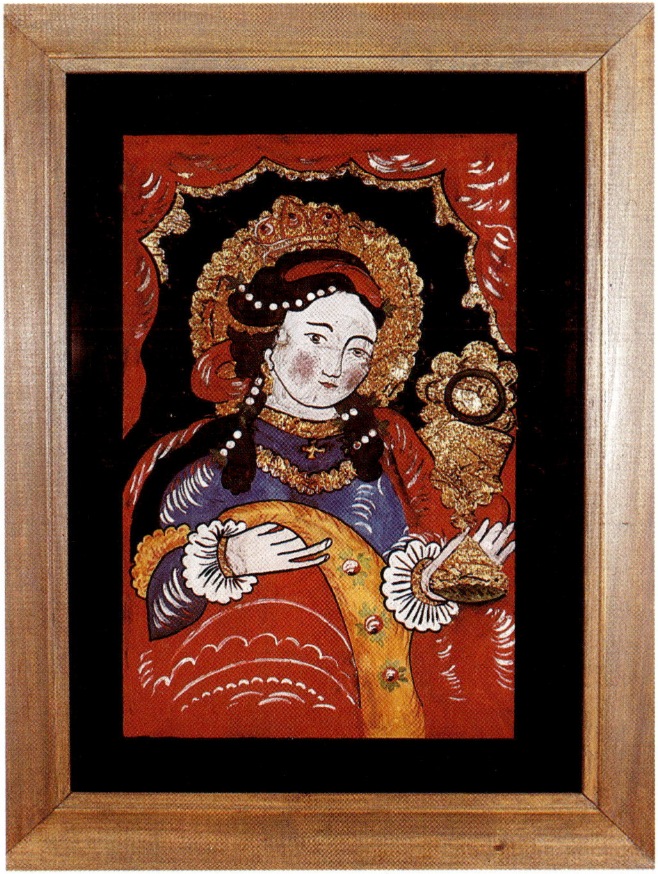

Altes schlesisches Motiv der Heiligen Barbara

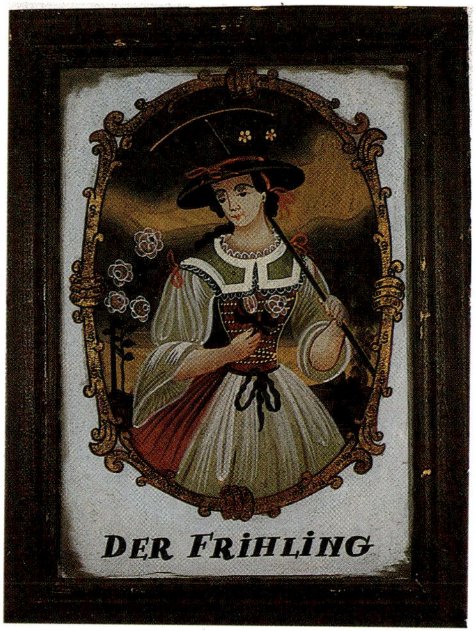

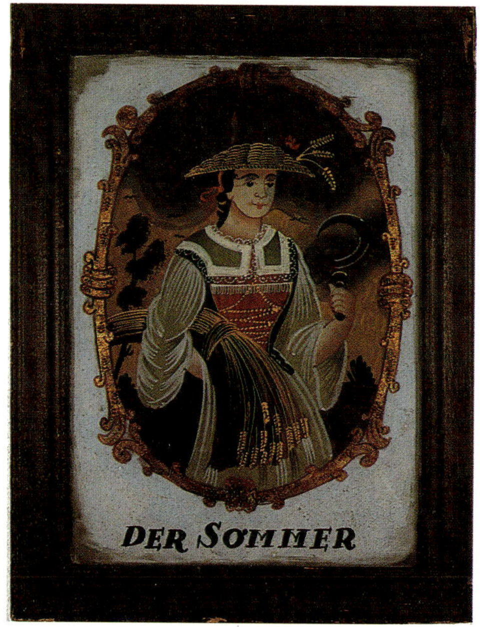

Malerhandwerkliche Hinterglasbilder

Als Kunsthandwerk wurde Hinterglasmalerei etwa seit dem 11. Jahrhundert in Italien besonders in Murano, ausgeübt. Erst zu Beginn des 17. Jahrhunderts etablierten sich im übrigen Mitteleuropa Kunsthandwerker, die sich auf das Veredeln und Bemalen von Glas verstanden. In langjähriger Lehrzeit ausgebildete Berufsmaler schufen hier auf dem Werkstoff Glas Gemälde, die unter dem Begriff »Malerhandwerkliche Hinterglasbilder« bekannt sind. Auftraggeber dieser Schöpfungen waren meist kirchliche Institutionen, die entweder Heiligenbilder oder ganze Zyklen von Kreuzwegdarstellungen anfertigen ließen. Aber auch viele wohlhabende Bürger gehörten zum Kundenstamm der Hinterglasmaler. Neben Abbildungen von Namens- und Schutzpatronen wurden auch oft Porträts bestellt. Aber auch Landschaften oder Bilder zu Themen des persönlichen und beruflichen Lebensbereiches waren ein begehrter Wandschmuck. Alle diese Motive wurden naturalistisch gestaltet. Die Bilder zeugen von einer virtuosen Technik des Malens und besitzen zudem häufig einen hohen künstlerischen Aussagewert.

Hüttengewerbliche Hinterglasbilder

In der ersten Hälfte des 18. Jahrhunderts entstanden in Schlesien, in Böhmen und im Bayerischen Wald Hinterglasbilder, die aufgrund ihrer maltechnischen Gestaltung dem Bereich der Volkskunst zugeordnet werden können. Da die Maler dieser Bilder sich in der Nähe von Glashütten niederließen, erhielt diese Kunstrichtung die Bezeichnung »Hüttengewerbliche Hinterglasbilder«. Die Besonderheit dieser Werke besteht darin, daß ein Thema jeweils mit sparsamen gestalterischen Mitteln und in leicht begreiflicher Form dargestellt wurde. Der Betrachter dieser Schöpfungen ist daher sofort in der Lage, deren Inhalt zu verstehen und fühlt sich von der ungekünstelten Schlichtheit des Ausdrucks angesprochen.
Als Vorlagen für diese Hinterglasbilder dienten von anderen Künstlern gestaltete Bilder. Von alten Kupferstichen, Holzschnitten und Farbdrucken zeichnete man die Umrisse des Hauptmotivs ab, vergrößerte oder verkleinerte es, ließ überflüssig erscheinende Ausschmükkungen weg und vereinfachte auf diese Weise das Vorbild so stark, daß nur die Hauptfiguren übrigblieben. Die so entstandene Zeich-

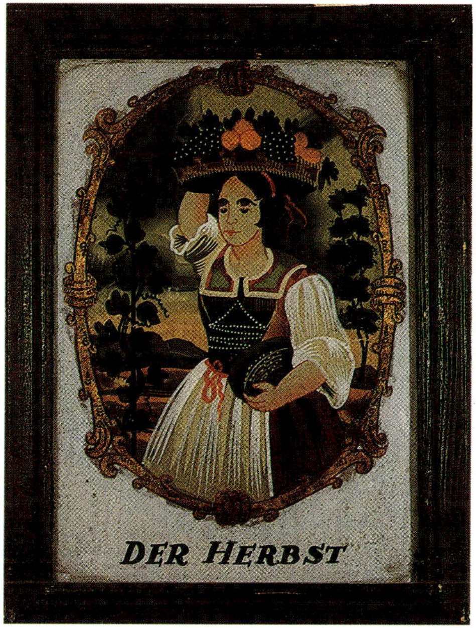

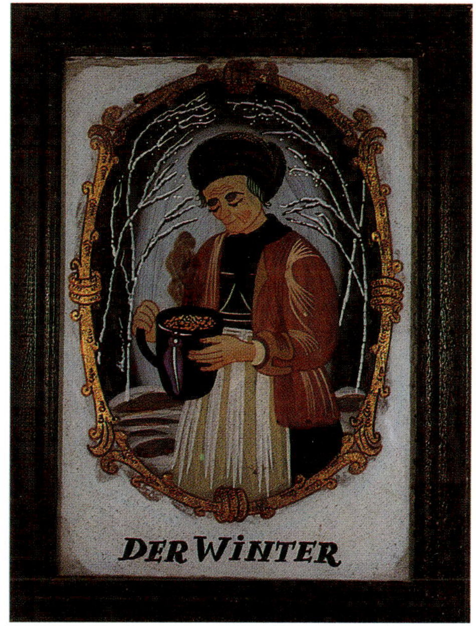

nung zeigte oft nicht mehr allzuviel Ähnlichkeit mit dem Original. Proportionen waren verschoben, Gebäude wurden nur noch stilisiert angedeutet, und die Landschaft erhielt oft deshalb ein gänzlich verändertes Aussehen, weil ihre Darstellung arbeitstechnisch zu aufwendig gewesen wäre. Trotz des Kopierens ergaben sich dadurch Motive von spezifischer Eigenständigkeit, die man guten Gewissens als Kunstwerke bezeichnen kann, und die zudem dem Geschmack der zumeist ländlichen Käuferschicht entsprachen.

Diese Bilder zeigten hauptsächlich Darstellungen von Heiligen. Abbildungen von Schutz- und Namenspatronen fanden ihren Weg in Bauern- oder Bergmannsstuben, wo sie im Herrgottswinkel, um ein Kruzifix gruppiert, ihren traditionellen Platz erhielten. Sogenannte Gnadenbilder und Votivtafeln standen in Wallfahrtskirchen zum Verkauf, und die ländliche Bevölkerung stellte in tiefer Gläubigkeit ihre Familie und ihren Besitz unter den besonderen Schutz dieser Heiligen. Aber auch Bilder mit Motiven aus dem täglichen Leben wurden von Hausierern vertrieben und hielten als Wandschmuck in der Stube Einzug. Die Darstellung eines Brautpaares, eines Reiters oder der Ablauf der Jahreszeiten waren dabei besonders begehrt.

Darstellungen der vier Jahreszeiten – wie in diesen Beispielen als Allegorie gemalt – waren begehrte Motive.

Hinterglasbilder erfreuten sich so großer Beliebtheit, daß man sie in für damalige Verhältnisse ganz bedeutenden Mengen herstellte, und es ist nachgewiesen, daß in manchen Werkstätten täglich bis zu 200 Stücke entstanden. Von einigen Motiven, wie beispielsweise dem Gnadenbild der Heiligen Maria mit dem Jesuskind aus der Wallfahrtskirche von Mariazell, fertigte man viele Tausende von Kopien an, die nicht nur im Inland durch Hausierer vertrieben wurden, sondern auch mit Fuhrmannszügen ins Ausland gelangten und dort viel verkauft wurden.

Fast 200 Jahre stellten diese zur Volkskunst gehörenden Hinterglasbilder den beliebtesten Wandschmuck der ländlichen Bevölkerung dar, bis sie durch die Verfeinerung der Drucktechnik von billigeren Farbdrucken verdrängt wurden. Aber noch heute entzückt uns die klare und einfache Sprache der Farben und Formen und reizt uns zur Nachahmung.

Die Auswahl des Motivs

Als Vorlage für Hinterglasbilder dient in der Regel eine Schwarzweißzeichnung, auf der alle Konturen des Bildes vorgegeben sind, der sogenannte Riß. Sind diese Risse speziell für Hinterglasmalerei gedacht, sind sie schon seitenverkehrt angelegt und können direkt als Vorlage unter die Glasscheibe gelegt werden. Möchte man ein Motiv, das nicht seitenverkehrt vorliegt, benutzen, empfiehlt es sich, die Konturen mit einem schwarzen Filzstift auf Transparentpapier zu pausen und diesen Riß dann umzudrehen. Genauso kann man vorgehen, wenn man selbst ein Bild entwerfen möchte und es sich nicht zutraut, die Komposition gleich seitenverkehrt anzulegen.
Im Handel gibt es Mappen mit Rissen und den dazugehörigen Farbvorlagen zu kaufen. Die Skala der angebotenen Motive reicht von Heiligenbildern über bäuerliche Malerei bis zu Blumenarrangements oder Abbildungen einzelner Berufsgruppen und deren typisches Handwerkszeug. Erwähnenswert sind auch die Vorlagen aus dem Bereich der Naiven Malerei, die sich für Hinterglasbilder besonders gut eignen.
Im Anhang dieses Buches finden Sie ebenfalls eine Reihe von Rißzeichnungen, die Sie entweder in ihrer Originalgröße verwenden oder vergrößern können.
Die Qual der Wahl wird vollkommen, wenn man in Buchhandlungen, Trödlermärkten oder im eigenen Haushalt Kalender oder Kunst-, Kinder- und Schulbücher durchstöbert. Alte Stiche und Kohlezeichnungen können für Hinterglasradierungen und Abbildungen von Scherenschnitten für Collagen hilfreiche Anregungen bieten. Auch Kunstpostkarten vermögen Impulse zu geben, und das Bild läßt sich annähernd naturgetreu nachmalen, wenn man die Umrisse des Motivs mit einem Pantographen, auch »Storchenschnabel« genannt, vergrößert. Der Phantasie eines Hinterglasmalers sind keine Grenzen gesetzt, wenn Bestandteile einer Vorlage abgeändert, ergänzt oder umgestellt werden. Das Zusammenfügen einzelner Motivpartien aus mehreren verschiedenen Entwürfen zu einem neuen, einheitlichen Bild kann eigentlich nicht mehr als kopieren bezeichnet werden, sondern ist eher kreatives Gestalten. Besonders originelle Neuschöpfungen entstehen durch Aneinanderreihen gleicher Dekorteile. Aus dem Entwurf eines Fisches entsteht beispielsweise eine ganze Fischfamilie oder einer einzelnen Gans werden Artgenossen beigegeben, so daß ein richtiger »Gänsemarsch« dabei herauskommt.
Kleine Vorlagen für eine Landschaft kann man optisch vergrößern, wenn man den Hintergrund in den gleichen Farben einfach weiterführt. Motive können in ein rundes oder ovales Medaillon oder in eine sogenannte »Kartusche« (schmückender Rahmen) gesetzt werden. Sie werden so nicht nur optisch ansprechend eingerahmt, sondern auch gleichzeitig vergrößert.
Wer dann im Malen von Hinterglasbildern erst einmal etwas Übung hat, wird sicher das Bedürfnis verspüren, auch eigene Entwürfe zu realisieren, denn ein gelungenes Bild, das man selbst gestaltet hat, verschafft doch die größte innere Befriedigung.

Landschaften sind besonders geeignete Motive für die Hinterglasmalerei.

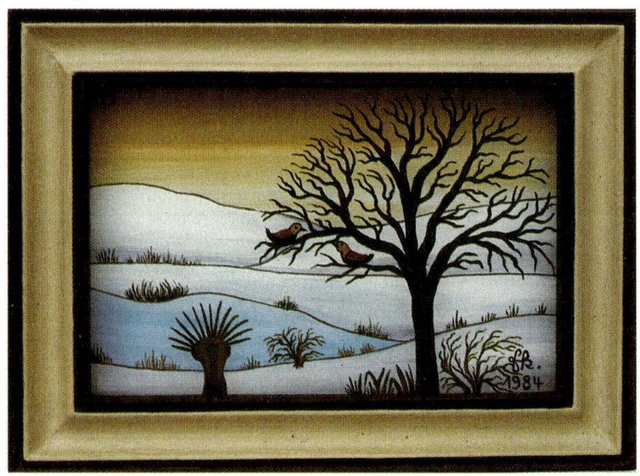

Arbeitsmaterialien und Arbeitsplatz

Glas

Glasscheiben erhält man in Glaserwerkstätten, wo handelsübliches Industrieglas, sogenanntes Fensterglas also, in allen gewünschten Größen und Formen zugeschnitten werden kann. Es sollte nicht dikker als 2–3 mm sein, da sonst beim Malen durch die Lichtbrechung ungenaue Konturen entstehen können. Antikglas, das in der Hinterglasmalerei teilweise Verwendung findet, weist künstlich eingearbeitete Schlieren und Luftbläschen auf, wodurch seine glatte Oberfläche bewegt und strukturiert wirkt. Besonders gut kommen auf Antikglas Blumensträuße zur Geltung, aber auch jeder andere, großzügig angelegte Dekor kann auf diesem Malgrund in seiner Ausdruckskraft gesteigert werden. Der Fachhandel bietet seit einigen Jahren Acrylscheiben in verschiedenen Größen an. Auf der farblosen, durchsichtigen und glatten Oberfläche dieses Materials haften die Konturen und die nachfolgend aufgemalten Farben besonders gut. Es besitzt zudem den großen Vorteil der Unzerbrechlichkeit, so daß man es bedenkenlos auch Schulkindern zur Bearbeitung geben kann, ohne daß man befürchten muß, daß das Material zerbricht und durch scharfe Kanten Verletzungen entstehen. Allerdings muß man bei Acryl darauf achten, das Material nicht mit scharfen Gegenständen zu bearbeiten, da es sonst leicht zerkratzt wird.

Farben

Zum Zeichnen der Konturen benötigt man Konturfarbe oder schwarze Acrylfarbe, die mit einem dünnen Pinsel auf das Glas aufgetragen wird und wasserfest antrocknet. Für flächige und großzügig angelegte Vorlagen ist ein wasserfester Konturenstift zu empfehlen, der auch besonders gut für Anfänger und Hobbymaler mit »leicht unsicherer Hand« geeignet ist. Das Ausmalen von Motiv und Hintergrund sollte am zweckmäßigsten mit fest haftenden und deckenden Spezialfarben erfolgen. Die Fachläden bieten Acrylfarben an, die diese wichtigen Voraussetzungen erfüllen, zudem schnell trocknen, untereinander gemischt werden können und deren Leuchtkraft über Jahrzehnte hinaus erhalten bleibt. Neben den Grundfarben Schwarz, Weiß, Blau, Gelb und Hochrot sind Grün, Braun, Dunkelblau, Ocker und Karminrot unerläßlich. Damit lassen sich ganz spezifische Abtönungen erreichen, die mit den Grundfarben allein nicht zustande kämen.

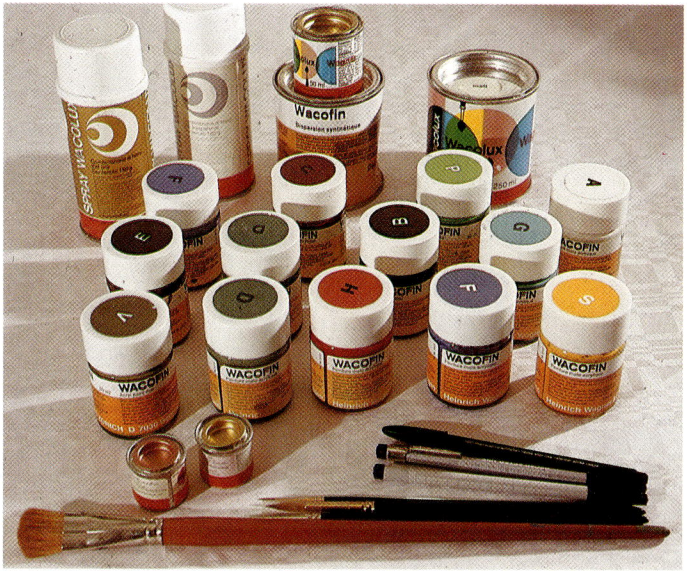

Acrylfarben haben eine starke Deckfähigkeit und trocknen außerdem wasserfest an, weshalb sie sich für Hinterglasbilder besonders gut eignen.

Die nachfolgende Tabelle gibt Hilfen, aus welchen Farben sich welche Töne mischen lassen. Gerade Anfängern oder Leuten, die sich das Mischen der Farben noch nicht so richtig zutrauen, sei empfohlen, eine Probeglasscheibe griffbereit zu haben, auf der Ton und Wirkung der Farbe vorher geprüft werden kann.

Farbenmischtabelle

1. Farbe	2. Farbe	3. Farbe	Ergebnis
Blau	Gelb	—	Grün
Blau	Karminrot	—	Violett
Hochrot	Gelb	—	Orange
Weiß	Ocker	—	Elfenbein
Weiß	Ocker	Braun	Beige
Weiß	Ocker*	Hochrot*	Hautfarbe
Weiß	Ocker	Grün	Hellgrün

* wenig

Pinsel

Weiche Pinsel verschiedener Stärken gehören zu den wichtigsten Malutensilien. Sie sollten aus Rotmarderhaaren hergestellt sein, da sich dieses Material durch große Elastizität auszeichnet und die Fähigkeit besitzt, sich immer wieder gut zuzuspitzen. Zum Malen von Konturen benötigt man einen Rotmarderpinsel Nr. 0 und zum Ausfüllen von kleinen und größeren Flächen je einen der Größen Nr. 2, Nr. 4 und Nr. 6. Das Ausmalen des Hintergrundes erfolgt am zweckmäßigsten mit einem weichen und flachen 2–3 cm breiten Haarpinsel. Ungeeignet sind Borstenpinsel, da sie zu hart sind und nicht nur die Konturen verletzen könnten, sondern ein gleichmäßig verlaufender Farbauftrag nicht gewährleistet ist. Wenn Sie Ihre Pinsel gut pflegen und sie nie im Wasserglas stehen lassen, werden Sie lange Freude an ihnen haben.

Weiteres Zubehör

Zum Rüstzeug des Hobbymalers gehören verschiedene arbeitserleichternde Hilfsmittel. Zunächst sollte Transparentpapier und ein dünner Farbstift zum Durchpausen von Mustern oder ein Zeichenblock und Bleistift zum Entwerfen von eigenen Motiven, den sogenannten »Rissen«, bereitliegen. Ein Glas mit Leitungswasser zum Auswaschen und ein flusenfreies Tuch zum Abtrocknen oder Auswischen der Pinsel ist ebenfalls nötig. Wenn keine Palette zum Mischen von Farben vorhanden ist, kann ein Abendbrotteller die gleiche Funktion übernehmen. Ungeeignet ist eine Glasscheibe, da die Farben hier zu schnell eintrocknen.
Klebestreifen zum Zusammenheften von Riß und Glasscheibe wird ebenso gebraucht, wie ein Stück Papier oder Haushaltstuch zum teilweisen Abdecken des Werkstückes. Außerdem benötigt man zum Ausbessern von Konturen eine Nadel oder einen Zahnstocher. Eine Kratznadel oder ein Kratzmesser dient beim Korrigieren nicht nur dem Herausschaben größerer Flächen, sondern ist auch bei der Hinterglasradierung ein unentbehrliches Werkzeug. Eine Sprühdose mit Klarlack zum Fixieren von Konturen und zum Schutz des farbigen Bildes sollte ebenfalls bereitstehen.

Arbeitsplatz

Zum Malen von Hinterglasbildern ist ein ruhiger Arbeitsplatz mit ausreichenden Abstellmöglichkeiten wichtig. Es ist darauf zu achten, daß sich die Lichtquelle auf der linken Seite befindet, damit die malende rechte Hand keine Schatten auf das Werkstück werfen kann. Da durch die Dicke des Glases und seine Spiegelungsfähigkeit Verschiebungen von Konturen entstehen können, muß man bei Benutzung einer Tischlampe darauf achten, daß keine Spiegeleffekte auftreten. Zu grelles wie auch zu dunkles Licht strengt unnötig an und ermüdet die Augen vorzeitig. Ganz wichtig ist, daß die Arbeitsfläche ganz eben ist und keine Wölbung aufweist, da sonst die Glasplatte leicht zerspringen kann. Außerdem sollte der Raum, in dem Sie arbeiten, möglichst staubfrei sein, damit Ihr Bild nicht verschmutzt.

Vor Malbeginn sollten alle wichtigen Malutensilien auf dem Arbeitsplatz bereitliegen.

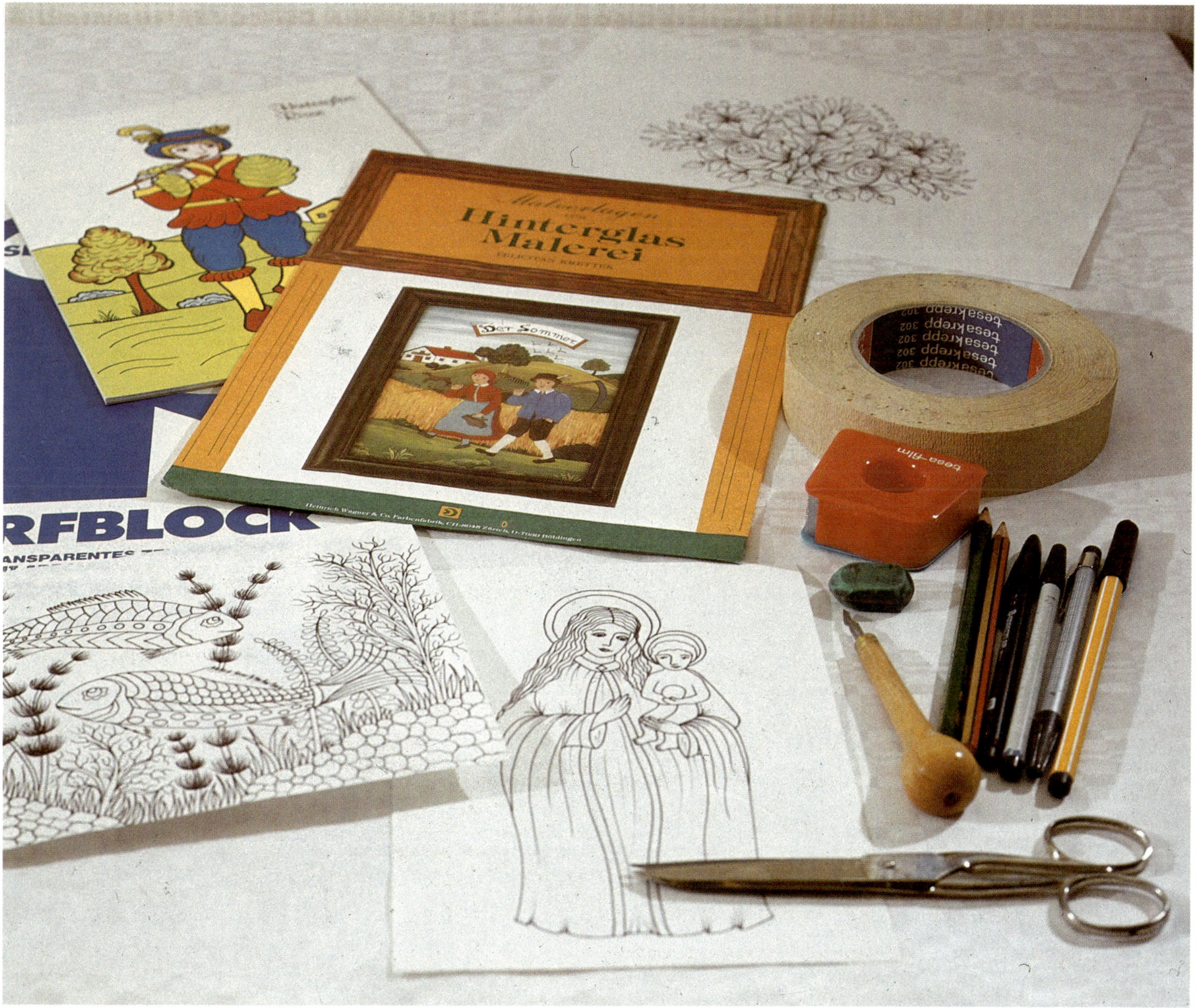
Hinterglas
Malerei
Der Sommer
tesakrepp 302
RFBLOCK
ANSPARENTES

Das einfache Hinterglasbild

Vorbereitung des Glases

Zunächst muß das Werkstück von allen Fett- und Schmutzspuren befreit werden. Die gründliche Reinigung der Glasscheibe ist deshalb so bedeutsam, weil davon die Haftfestigkeit der Farben abhängt. Man kann die Scheibe mit warmem Wasser und einem haushaltsüblichen Spülmittel waschen, mit klarem Wasser nachspülen und einem flusenfreien Tuch abtrocknen. Wirksamer ist es jedoch, einen Fensterreiniger zu verwenden, mit dem sich Schmutz- und Fettspuren durch kräftiges Reiben nachhaltig entfernen lassen. Auch hierbei ist es ratsam, die Scheibe mit Leitungswasser nachzuspülen und anschließend abzutrocknen. Sollte sich beim späteren Malen ein Zusammenziehen oder Abperlen der Farben ergeben, so ist das auf ein ungenügend gesäubertes Glas zurückzuführen, und man sollte auf keinen Fall die Mühe des nochmaligen Waschens scheuen.

Konturen

Am Beispiel eines einfachen Motives mit zwei Fischen soll jetzt die Entstehung eines Hinterglasbildes gezeigt werden. (Die Vorlage für dieses Motiv, den sogenannten Riß, finden Sie im Kapitel »Mustervorlagen«.)
Zunächst legt man den Riß genau unter die Glasscheibe und verbindet beides an mehreren Stellen durch Klebestreifen, um ein Verrutschen zu verhindern. Achten Sie dabei darauf, daß der Riß seitenverkehrt zu dem geplanten Bild liegen muß, das heißt, was jetzt links ist, erscheint später rechts und umgekehrt.
Mit Konturenfarbe und Pinsel werden zunächst alle Linien des Motivs auf dem Glas dünn nachgezogen. Damit durch die auf dem Werkstück ruhende, malende Hand keine Farbe verwischt wird, ist es am besten, damit in der linken oberen Ecke zu beginnen und sich sehr langsam zur unteren rechten Seite der Scheibe vorzuarbeiten, bis das gesamte Netz von Umrissen vollständig ist. Die auf dem Arbeitsplatz flach aufliegende Scheibe dreht man am zweckmäßigsten jeweils in die Lage, in der es sich am bequemsten malen läßt. Es ist darauf zu achten, daß die Konturen annähernd gleichmäßig breit geraten. Man erreicht das am besten dadurch, daß der Pinsel mit nur schwachem Druck geführt wird. Wichtig ist, ein Blatt Papier oder ein Papiertaschentuch unter die Arbeitshand zu legen, damit Fett- und Schweißspuren keine Isolierschicht schaffen können, die die Haftfestigkeit von Konturen und Farben stark beeinträchtigt. Ab und zu sollte der Pinsel in Wasser ausgewaschen und durch Drehbewegungen auf einem flusenfreien Lappen nicht nur getrocknet, sondern vor allem erneut zugespitzt werden.
Schwarze Konturen sind zwar typisch bei der Hinterglasmalerei, aber auch jede andere Farbe kann, je nach Motiv und persönlichem Geschmack, Anwendung finden. Umrandungen von Hautpartien wirken weniger hart, wenn sie in rötlichen oder bräunlichen Tönen gehalten sind. Ein mittelblaues Kleidungsstück könnte beispielsweise auch in Hellblau oder Dunkelblau konturiert werden, und goldfarbene oder weißliche Konturen wirken bei Darstellungen von Blumensträußen besonders dekorativ.
Sind in einem Riß innerhalb der Konturenfelder Striche vorgegeben, die Schattierungen andeuten sollen, können diese sowohl in dunklen wie auch in hellen Farben gemalt werden. Gerade hierbei muß man sich nicht unbedingt genau an eine Vorzeichnung halten und kann »Lichter« wie »Schatten« so auf das Glas auftragen, wie es sich eben durch den Schwung des Pinsels ergibt. Hobbymalern, die sich zum ersten Mal in der Technik der Hinterglasmalerei versuchen, sei angeraten, sich zunächst an bunten Vorlagen zu orientieren, wo auch die Farbgebung der Konturen deutlich wird.
Wenn endlich alle Linien nachgezogen sind, trennt man das Glas von dem Riß ab. Man hebt nun die Scheibe an einer Ecke an, hält sie gegen das Licht oder ein helles Papier und kontrolliert, ob alle äußeren Konturen eine vollständige Einheit bilden. Umrandungen müssen ge-

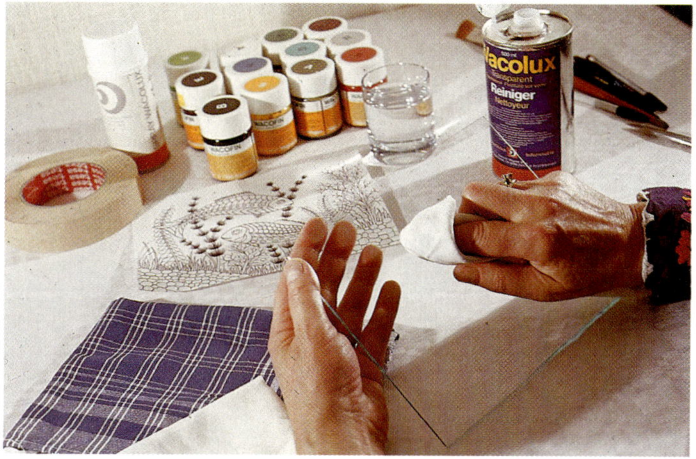

Glasscheiben müssen vor dem Bemalen gewissenhaft gereinigt werden, da die Haftbarkeit der Farben von der Sauberkeit des Malgrundes abhängt.

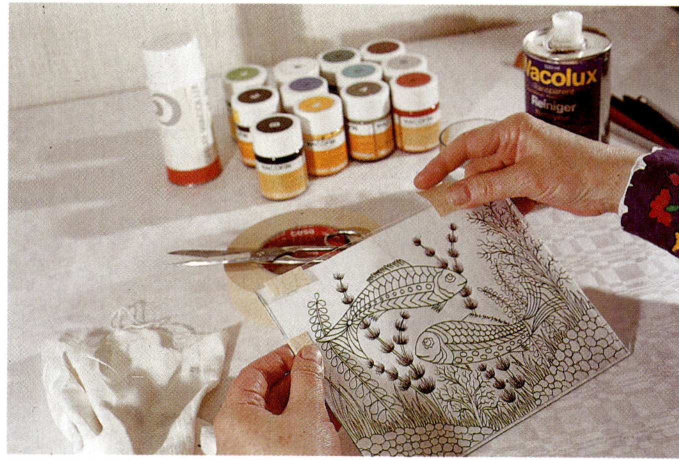

Riß und Glas müssen durch Klebestreifen fest verbunden werden, um ein Verrutschen des Risses beim Ziehen der Konturen zu verhindern.

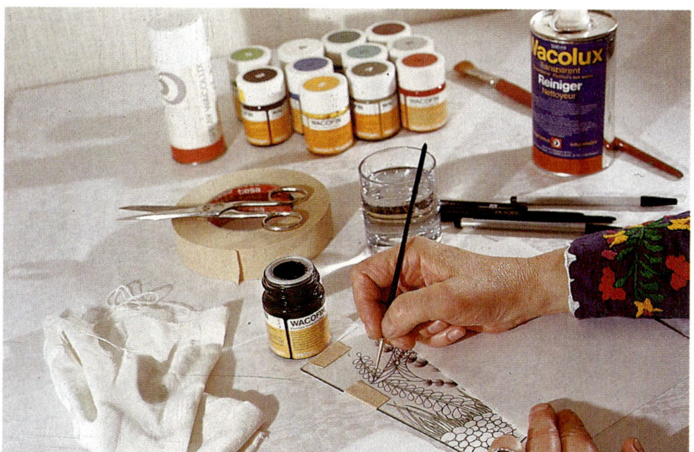

Durch Unterlegen eines Stück Papiers unter die malende Hand, wird das Werkstück vor Fett- und Schmutzspuren geschützt.

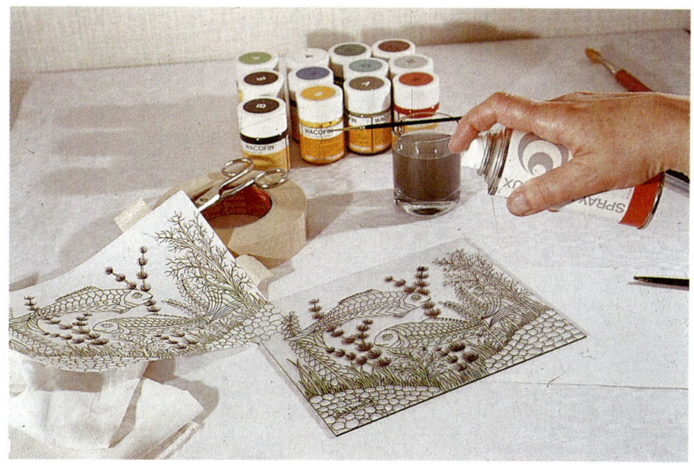

Damit die Konturen beim späteren Übermalen nicht verletzt werden, sollten sie vorher mit Kunstharzlack oder einem matten Kunstharzspray geschützt werden.

schlossen sein und sich jeweils berühren. Fehlstellen sollten daher ebenso gewissenhaft ergänzt werden, wie zu dünne und transparent erscheinende Konturen noch einmal nachgezogen werden müssen. Sind Linien zu dick oder Schattierungen in ihrem Auslauf plump geraten, kratzt man mit einer Nadel oder einem Zahnstocher die überschüssige Farbe einfach weg. Häufig kommt es vor, daß bei diesem Arbeitsvorgang ganze Teilabschnitte von Konturen weggeschabt werden. Es ist dann manchmal notwendig, das Glas erneut auf die Vorlage zu plazieren, um diese Umrisse noch einmal exakt nachzumalen. Je nach Stärke des Auftrags ist die Konturenfarbe nach 10–30 Minuten wasserfest angetrocknet.
Beim Ausmalen des Motivs können durch die mechanischen Pinselbewegungen Konturen an- und abgelöst oder auf der glatten Oberfläche des Glases verschoben werden. Um dies zu vermeiden, ist ein Fixieren der verhältnismäßig zarten und feinen Umrisse anzuraten. Mit mattem Klarlack, den man nach Gebrauchsanweisung in einer bestimmten und unbedingt zu beachtenden Entfernung hält, übersprüht man dünn die ganze Scheibe. Um eine gleichmäßig deckende Schutzschicht zu erreichen, ist es zweckmäßig, nach ein paar Minuten eine zweite Sprayschicht sparsam aufzutragen. Das Bild sollte dabei waagerecht liegen und in dieser Stellung 1–2 Stunden lang in einem staubfreien Raum durchtrocknen.

Ausmalen

Bevor man mit dem Ausmalen anfängt, sollte man sich die technischen Besonderheiten der Hinterglasmalerei bewußt machen. Als Wichtigstes ist zu bedenken, daß die auf dem Arbeitstisch aufliegende Unterseite des Glases nach vollständiger Bemalung schließlich die Vorderseite des Bildes darstellen wird. Jeder Farbauftrag muß daher gut überlegt werden, da die Möglichkeit des Übermalens nicht besteht, weil man ja nur die »Rückseite« der Farbe erreicht. Möchte man eine mißlungene Farbe korrigieren, kann man sie, wenn sie getrocknet ist, vorsichtig mit einem Kratzmesser oder einer Rasierklinge wegschaben.

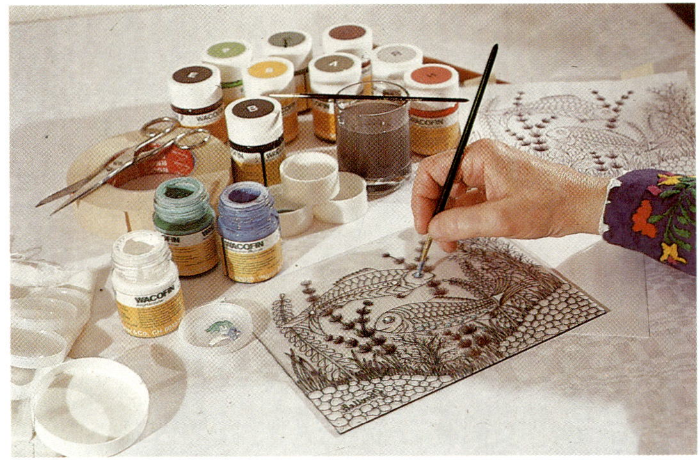

Beim Ausmalen beginnt man am zweckmäßigsten mit kleinen Flächen wie Augen, Mund oder punktartigen Verzierungen.

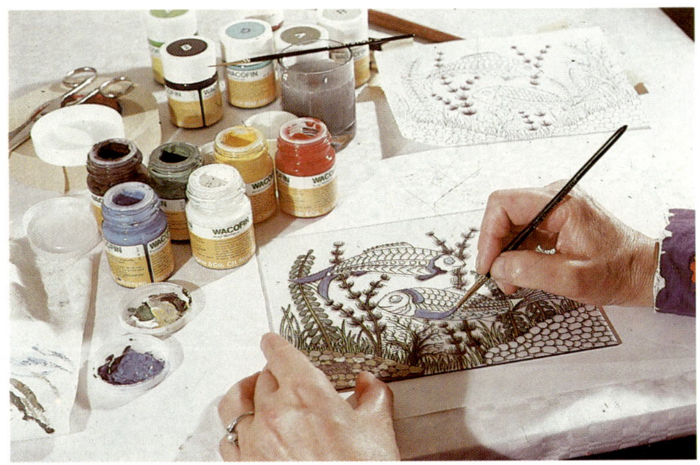

Angetrocknete Farben muß man beim Auftragen nachfolgender Töne nicht aussparen, sondern kann sie bedenkenlos übermalen.

Man muß bei der Hinterglasmalerei sozusagen von vorne nach hinten arbeiten: Alles, was im Vordergrund eines Bildes sichtbar ist, muß zuerst gemalt werden und erst nach der allmählichen und schichtweisen Ausarbeitung des Motivs kann zum Schluß die Gestaltung des Hintergrundes erfolgen.

Die Technik des Malens selbst ist einfach und problemlos. Liegt eine bunte Vorlage bereit, nach der gearbeitet werden soll, entfällt das Problem der Farbenwahl. Wenn entsprechend der Linienführung des Risses bereits »Schatten« als dunkle und »Lichter« als helle Schattierungen auf das Glas gemalt wurden, kann man nun die einzelnen, durch Konturen abgegrenzten Felder mit Pinsel und entsprechenden Farben flächig und gleichmäßig ausfüllen. Dabei werden die angetrockneten Schattierungen nicht ausgespart, sondern vollständig übermalt, ohne daß ihre Wirkung auf der Vorderseite der Scheibe im geringsten verändert erscheint. Man führt dabei den Pinsel bis unmittelbar an die Konturen heran und kann sie bedenkenlos sogar abdekken. Gerät versehentlich Farbe über die Abgrenzung hinaus ins Nachbarfeld, so muß man sie, nachdem sie angetrocknet ist, wegkratzen. Von Zeit zu Zeit sollte man das Werkstück anheben und gegen eine Lichtquelle oder ein weißes Blatt Papier halten, um zu prüfen, ob exakt bis in die äußersten Ecken hinein und in gut deckender Farbdichte gemalt worden ist. Wirkt der Farbauftrag allzu streifig oder sogar transparent, muß er nach ungefähr 20–30 Minuten wiederholt werden.

Da feuchte Farben sich mit den nächstfolgenden vermischen und auf diese Weise eine Schlierenbildung oder völlig unerwünschte Farbverbindungen verursachen können, legt man das Bild, bevor man den Hintergrund ausmalt, für 1–2 Stunden zum gründlichen Durchtrocknen zur Seite. Dieser Vorgang kann beschleunigt werden, wenn die Glasscheibe in der Nähe eines Heizkörpers plaziert oder mit einem Haarfön aus größerer Entfernung getrocknet wird. (Vorsicht: Allzu starke Hitzeeinwirkung könnte zu Rißbildung in der Malerei führen.)

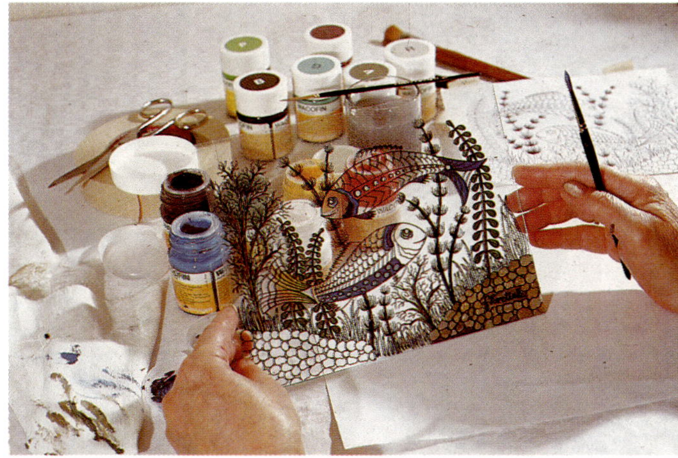

Beim Umwenden der Scheibe kann man sehen, daß die zuerst bemalten Stellen völlig unverändert bleiben.

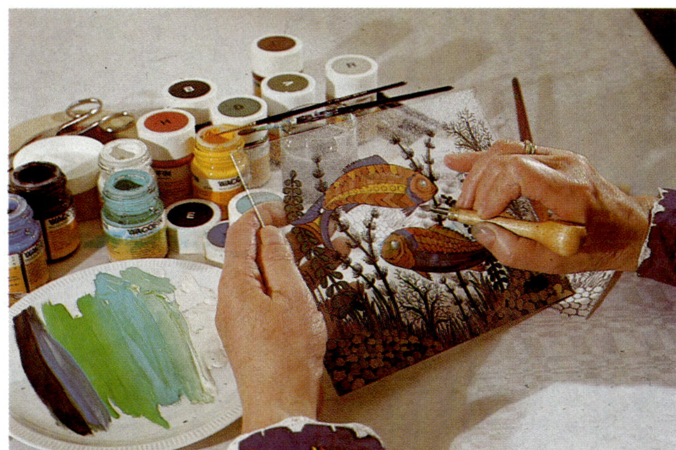

Das fertig ausgemalte Bild sollte gegen das Licht gehalten und nach Fehlern und Schmierstellen abgesucht werden. Farbe, die versehentlich über die Konturen geraten ist, kann mit einem spitzen Gegenstand mühelos entfernt werden.

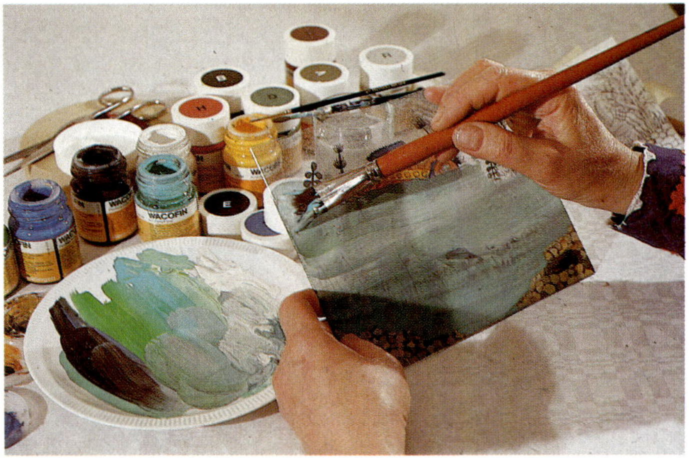

Das Ausmalen des Hintergrundes erfolgt, nach völligem Durchtrocknen des Motivs, mit einem breiten Haarpinsel. Bei einem sehr dünn und zart ausgeführtem Motiv empfiehlt sich ein zweiter Schutzfilm mit Kunstharzlack vor der Hintergrundgestaltung.

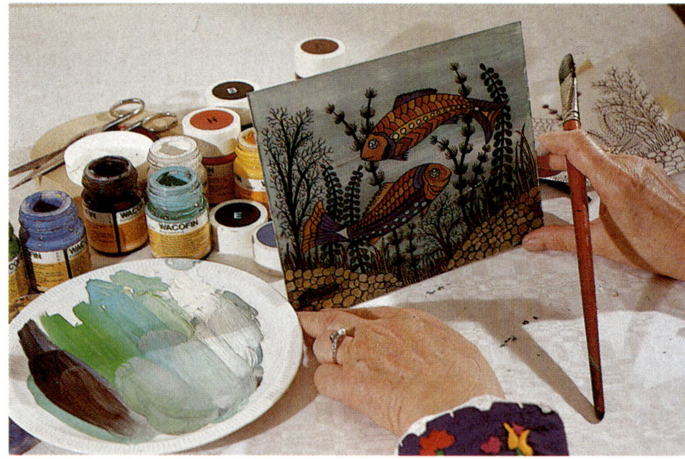

Beim Umwenden der Scheibe erkennt man nicht nur die farbliche Gesamtwirkung des Bildes, sondern auch Fehlstellen oder ungenügende Deckfähigkeit des Hintergrundes. Man sollte ihn deshalb nach dem Durchtrocknen mit der gleichen oder einer ähnlichen Farbe nochmals übermalen.

Hintergrund

Ist schließlich das ganze Motiv fertig ausgearbeitet, kann endlich der Hintergrund geplant werden. Bei der Wahl der Farben sind nicht allein persönliche Geschmackswünsche ausschlaggebend, sondern es ist vor allem wichtig, daß die Farben sich deutlich und kontrastreich vom Motiv abheben. Wer unsicher ist, welche Farben sich für den Hintergrund eignen, kann die Wirkung verschiedener Abformungen durch Unterlegen mit farbigem Papier oder Stoff erst einmal ausprobieren. Alle Stellen, an denen man die Scheibe während des Malens immer wieder angefaßt hat, müssen vor dem Auftrag des Hintergrundes gründlich abgewischt werden. Fingerabdrücke bewirken ein Zusammmenziehen und Abperlen der Farben, weil deren Haftfestigkeit erheblich beeinträchtigt wird. Im Laufe der Zeit können sich sogar Farbpartien anheben und abblättern.
Die Farbe für den Hintergrund muß geschmeidig sein und sollte gegebenenfalls mit etwas Wasser verdünnt werden. Mit einem 2–3 cm breiten, weichen Flachpinsel wird sie zügig und gleichmäßig über die gesamte Fläche des Glases verteilt. Da diese Farbschicht das Motiv nicht nur gut abdecken, sondern gleichzeitig auch schützen soll, ist

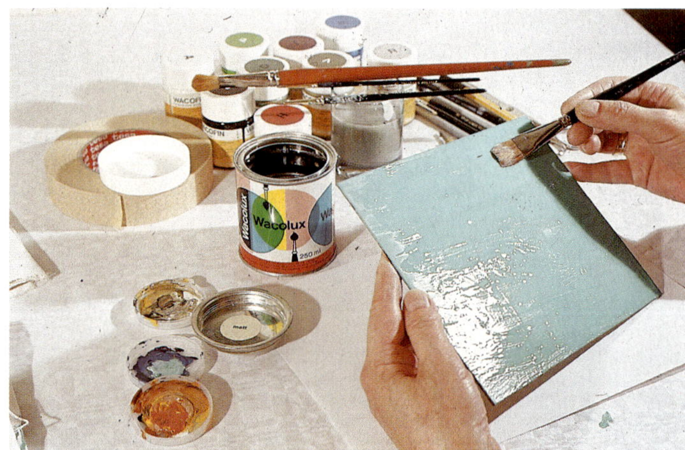

Ein mit einem weichen Haarpinsel aufgestrichener Kunstharzlack oder ein gleichmäßig aufgetragener Spray-Film gewährleisten den endgültigen Schutz eines Hinterglasbildes.

nach dem Durchtrocknen ein zweiter Farbauftrag in der gleichen oder einer ähnlichen Farbe erforderlich.
Für den Anfang empfiehlt es sich, wie in unserem Beispiel mit den Fischen, nur mit einer Hintergrundfarbe zu arbeiten. Natürlich kann der Hintergrund auch farblich unterschiedlich gestaltet werden. Auf diese Technik wird im Abschnitt »Schattieren« näher eingegangen.

Schützen des Bildes

Acrylfarben besitzen die Eigenschaft, absolut wasserfest anzutrocknen. Da jedoch beim Anfassen oder Umdrehen der Scheibe durch Fingerabdrücke Fett und Schweißspuren zurückbleiben können, ergibt sich eine eingeschränkte Haftfestigkeit der Farben. Es erscheint daher wichtig, den gesamten durchgetrockneten Hintergrund mit Sprühlack zu schützen. Man legt oder hält dabei das Bild in waagerechter Lage und sprüht aus der, auf der Sprühdose vermerkten Entfernung sehr dünn über den gesamten Hintergrund. Dabei wird des Guten oft zuviel getan, indem die Lackschicht dick und satt glänzend aufgetragen wird. Ein solches Vorgehen gefährdet die Farben unnötig und kann sie sogar anlösen.
Risikoloser ist es daher, den Sprühfilm matt und »trocken« zu halten und nach etwa 10 Minuten vorsichtig einen zweiten Schutzauftrag anzubringen. Wenn kein Sprühlack bereit steht, kann das Bild auch mit einem Kunstharzlack fixiert werden, den man nur einmal mit einem breiten, weichen Pinsel schnell und zügig aufträgt. Bitte keinen Nitrolack oder vergleichbare Produkte verwenden, da sie eine chemische Umwandlung der Acrylfarbe bewirken und diese an- oder auflösen. An einem möglichst staubfreien Platz legt man das nun endlich fertige kleine Kunstwerk zum Trocknen beiseite.

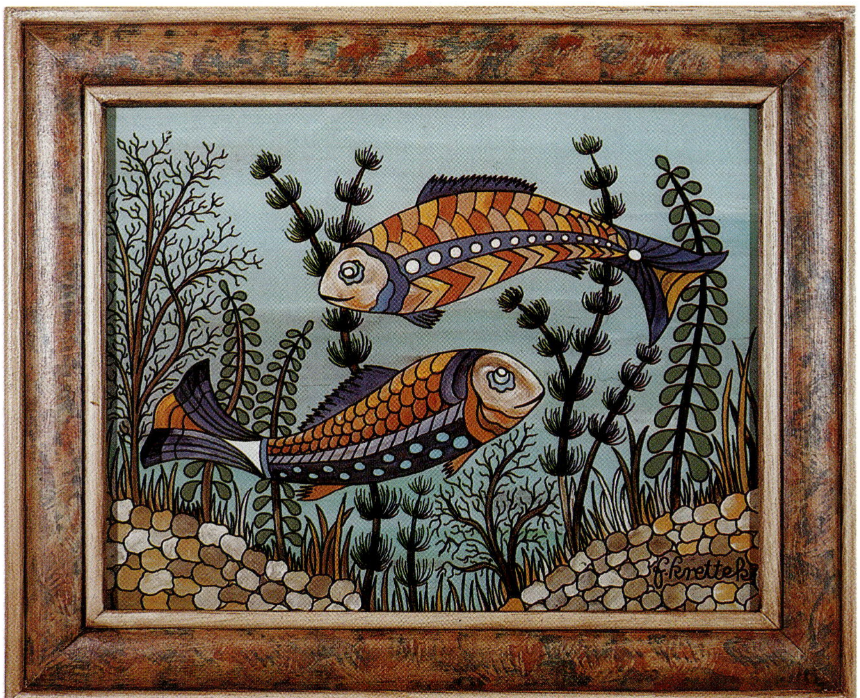

Das fertige, schon gerahmte Bild

Techniken zur Verfeinerung des Hinterglasbildes

Für alle im folgenden vorgestellten Techniken gilt, daß das Glas wie auf Seite 14 beschrieben, vorbereitet und gereinigt werden muß.

Schattieren

Neben dem einfachen Ausfüllen von konturierten Flächen mit jeweils nur einer einheitlichen Farbe, besteht die Möglichkeit, diese Ton in Ton zu schattieren. Es gelingt am besten mit der Technik des »Naß-in-Naß«-Malens. Soll beispielsweise der Rock einer Frau in Rot erscheinen, so ist es zunächst erforderlich, die gewünschte Farbe auf einem flachen Teller oder einer Palette in ausreichender Menge bereitzustellen. Man spricht hierbei von der sogenannten »Mittelfarbe«. Daneben plaziert man auf der einen Seite ein wenig Braun oder Schwarz und auf der anderen kleine Mengen von Weiß oder Ocker. Vom Rockbund in Richtung Saum wird nun streifenweise rote Farbe aufgetragen. Will man tiefliegende Falten betonen, taucht man den Pinsel in Braun, malt es neben oder zwischen das Rot und verstreicht es vorsichtig. Eine erhabene und sich vorwölbende Partie des Kleidungsstückes deutet man durch hellere, mit Weiß gemischte Töne an. Wichtig ist, daß die »Mittelfarbe« so lange feucht bleibt, bis der Vorgang des Schattierens beendet ist, damit die Übergänge weich und verlaufend erscheinen.
Das Schattieren eines Gesichtes erfolgt in der gleichen Technik. Hier ist besonders darauf zu achten, daß keinerlei harte Farbkontraste entstehen. Bei zurückweichenden Gesichtsteilen wie Hals und Haaransatz mischt man nur wenig Braun an die gewählte Mittelfarbe, den hervorstehenden Nasenrücken und das Kinn dagegen versieht man mit aufgehellten Farbtönen. Am schwierigsten ist das Malen roter Wangen. Damit diese nicht »aufgesetzt« und dadurch unnatürlich wirken, verdünnt man die Hautfarbe mit etwas Wasser und verstreicht sie leicht transparent über das ganze Gesicht. Erst dann wird ein kräftiges Rosa auf die Wangenpartie gestupft. Mit der Spitze des Pinsels verreibt man durch leichte Drehbewegungen sehr vorsichtig Haut- und Wangenfarbe.
Es ist dringend anzuraten, dabei die Scheibe immer wieder umzuwenden, um das Ergebnis zu überprüfen und gegebenenfalls zu korrigieren. Gerade bei Hautpartien ist es besonders wichtig, die Deckfähigkeit der Farben zu beobachten und diese, wenn nötig, nach deren Durchtrocknen ein zweites Mal mit dem gleichen oder einem ähnlichen Ton zu übermalen.
Blüten und Blätter eines Strauches sehen besonders reizvoll aus, wenn sie ebenfalls Ton in Ton abgestuft werden. Auch hierbei empfiehlt sich das Schattieren mit Kontrastfarben in die noch nasse

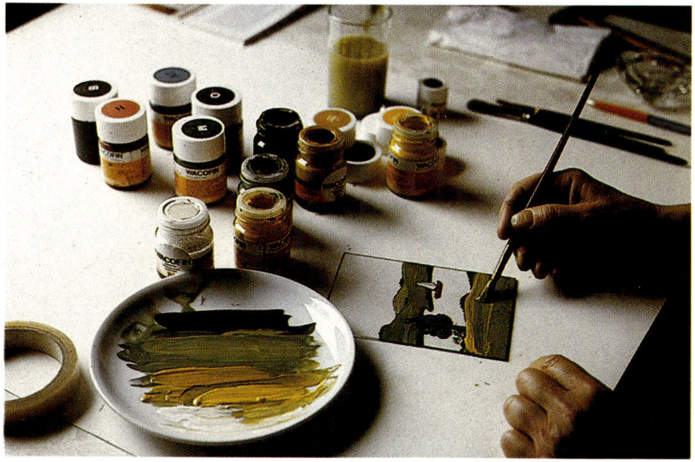

Auf einem Teller mischt man eine ausreichende Menge »Mittelfarbe« an. Daneben werden auf der einen Seite die dunklen, auf der anderen Seite die hellen Töne plaziert.

Hauptfarbe, wobei der Pinsel immer in der Form des jeweiligen Blattes geführt werden sollte. Dabei ist zu beachten, daß die Partien, die sich dem Licht am meisten zuwenden, hellere Töne erhalten als jene, die sich nach hinten oder zum Stengelansatz richten.
Beim Malen von Baumkronen gilt die gleiche Gesetzmäßigkeit. Je nach Motiv muß man nicht unbedingt die einzelnen Blätter naturgetreu wiedergeben. Man sollte sich vielmehr bemühen, den Baum in seiner Gesamtheit aufzunehmen. Mit kurzen Strich- oder halbkreisförmigen Drehbewegungen des Pinsels, der abwechselnd in verschiedene Grün-, Braun- und Gelbtöne getaucht wird, malt man die Umrisse vollständig aus.
Bäume können besonders phantasievoll und ganz nach eigenem Geschmacksempfinden in dieser Technik gestaltet werden. Bei einem blühenden Baum malt man zuerst alle weißen, gelben oder rosafarbenen Blüten, läßt sie trocknen und fügt erst dann das Blattwerk auf. Zur Sommerzeit entfalten Baumkronen ein sattes und lebhaftes Grün, dem man hellgraue und gelbe Töne zuordnen sollte. Am farbenprächtigsten zeigt sich die Belaubung im Herbst, wenn sich neben Grün alle vielfältigen Nuancen von Braun, Ocker, Orange, Gelb und Rot darbieten. Hier sollte man Mut zur Farbe zeigen!

Versuche auf einer Glasscherbe sind nicht nur sehr hilfreich zum Ausprobieren der Zusammenstellung variationsreicher Abstufungen, sondern auch eine gute Übung zur Führung des Pinsels. Dicke oder zarte Striche, Stupfer oder Halbkreise mit gleichen Farben ausgeführt, ergeben in Verbindung mit leichtem oder starkem Pinseldruck eine stets unterschiedliche Wirkung. Ein entlaubter Baum vermag als kontrastierende Silhouette eine Winterlandschaft intensiv zu beleben und ihr dekorative Akzente zu verleihen. Sein Stamm und seine vielfältigen Verästelungen lassen sich in Braun- oder Grautönen sehr leicht malen und mühelos schattieren. Die Einförmigkeit von Schnee und Himmel kann effektvoll unterbrochen werden, wenn man verschiedenartige Bäume malt, wie beispielsweise ausladende Eichen, schlanke Pappeln oder Birken mit hängendem Astwerk.
Besonders schöne Effekte bei der Gestaltung des Hintergrundes erzielt man mit der Technik des Schattierens. Da der Hintergrund die Atmosphäre eines Bildes wesentlich mitbestimmt, sollten die Farben und ihre Abstufungen in Reihe überdacht werden. Wer sehr unsicher in seiner Entscheidung ist, kann auf einer Glas- oder einer Acrylscheibe in Größe des Werkstückes Farbproben anfertigen. Nach dem Durchtrocknen legt man sie unter das fertig gemalte Motiv und kann

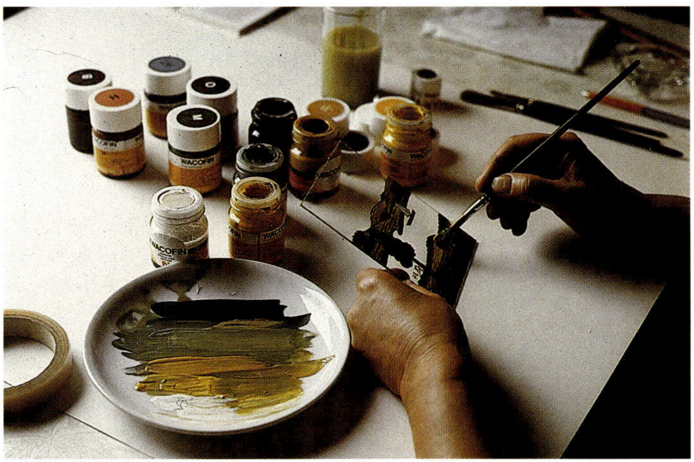

Durch Eintauchen des Pinsels in die jeweils gewünschte Schattierfarbe können dunkle oder helle Akzente gesetzt werden. Wichtig ist, daß die Farbe während des Schattiervorgangs nicht eintrocknet.

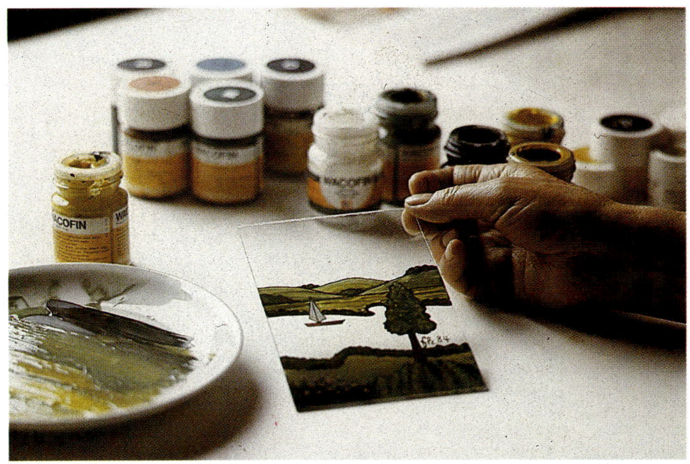

Bevor man an die Gestaltung des Hintergrundes geht, sollte das Motiv gut durchgetrocknet sein.

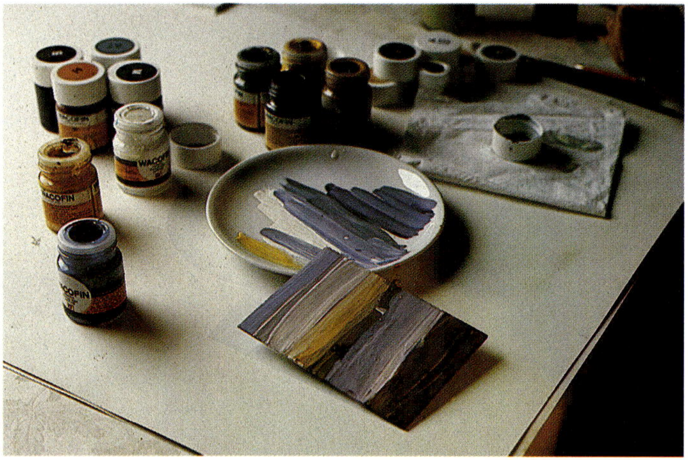

Ein Bild gewinnt wesentlich an Tiefenwirkung, wenn der Himmel oben ein dunkles Blau zeigt, das gegen den Horizont immer heller wird.

auf diese Weise leicht feststellen, ob die Töne zum Sujet passen und den persönlichen Vorstellungen entsprechen. Die Probescheibe wird dadurch nicht unbrauchbar, da die Farbe mit warmem Wasser wieder abgewaschen werden kann.

Es ist ratsam, vor dem Ausmalen des Hintergrundes das bereits fertig ausgearbeitete Motiv mit einem Sprühlack zu schützen. Da der Vorgang des Schattierens oft nicht sofort den gewünschten Effekt erzielt, so daß des öfteren korrigiert werden muß, könnten sich sonst durch die mechanischen Streichbewegungen des Pinsels die Konturen ablösen und verschieben.

Auf einem Teller wird in ausreichender Menge und geschmeidiger Konsistenz die gewünschte »Mittelfarbe« angemischt und daneben der Ton plaziert, mit dem schattiert werden soll. Mit einem 2–3 cm breiten Haarpinsel streicht man nun in Querrichtung zum Bild streifenweise die Hauptfarbe auf und fügt sofort und ohne den Pinsel auszuwaschen, in die freigebliebenen Zwischenräume Schattierungsfarbe ein. Mit geringem Druck wird der Pinsel so lange vorsichtig zwischen die nebeneinander liegenden Töne geführt, bis sie sich an ihren Berührungsstellen leicht miteinander vermischen. Um die Farben für diesen Arbeitsgang ausreichend feucht zu halten, kann man zwischendurch ab und zu mit dem Pinsel ein wenig Wasser aufnehmen und während des Schattierens an die Farben abgeben.

Bei einem Motiv, dessen Hintergrund sich beispielsweise aus Himmel und Landschaft zusammensetzt, werden zunächst die den Horizont markierenden Berge, alle Straßen, Wegraine und, falls vorgegeben, auch die Gewässer wie Fluß und See ausgemalt. Man beginnt damit an der linken oberen Bildseite und arbeitet zur unteren rechten Kante des Glases hin, um mit der Arbeitshand keine noch feuchte Farbe zu verschmieren. Erst nach dem Durchtrocknen sind alle größeren Flächen an der Reihe, wie etwa ein Acker, bei dem Furchen und Schollen Naß-in-Naß durch verschiedene Brauntöne angedeutet werden. Das natürliche Wachstum eines Getreidefeldes wird durch senkrechte Strichführung mit gelblichen, ockerfarbenen, bräunlich-weißen und orangefarbenen Abstufungen dargestellt, wobei der Pinsel abwechselnd in die jeweiligen Farben eingetaucht wird, ohne daß er zwischendurch ausgewaschen werden muß. Bei Wiesen beginnt man an der hinteren, dem Horizont zunächstliegenden Abgrenzung mit einem hellen Grün, das man, in Querrichtung zum Bild malend, in einem dunklen Grundton auslaufen läßt.

Da angetrocknete Farben einen dunkleren Ton aufweisen als nasse und zusätzlich infolge der Lichtbrechung des Glases eine nochmalige leichte Veränderung erfahren können, scheint es empfehlenswert, für das Blau des Himmels auf einer Scherbe Farbproben zu erstellen. Ein Bild gewinnt wesentlich an Tiefenwirkung, wenn an der Oberkante des Glases ein intensiverer Blauton aufgetragen wird, den man weich und verschwimmend allmählich am Horizont in einem weißlichen Hellblau ausklingen läßt. Föhn-, Kumulus- und Gewitterwolken können in ein einheitliches und unschattiertes Himmelblau hineingemalt werden, solange die Farbe noch feucht ist.

Ein wenig Mut zum farbigen Experimentieren gehört anfangs dazu, wenn man mit Gelb, Orange oder Rot den Sonnenaufgang oder die Atmosphäre einfallender Dämmerung darstellen möchte. Bei ersten Versuchen ist es ratsam, das Blau des Himmels in hellem Gelb oder zartem Rosa am Horizont verschwimmen zu lassen, weil diese Töne miteinander nicht stark auffallend kontrastieren. Erst bei größerer Perfektion im Umgang mit Pinsel und Farbe sollten gewagte und intensiv leuchtende Farbkombinationen versucht werden.

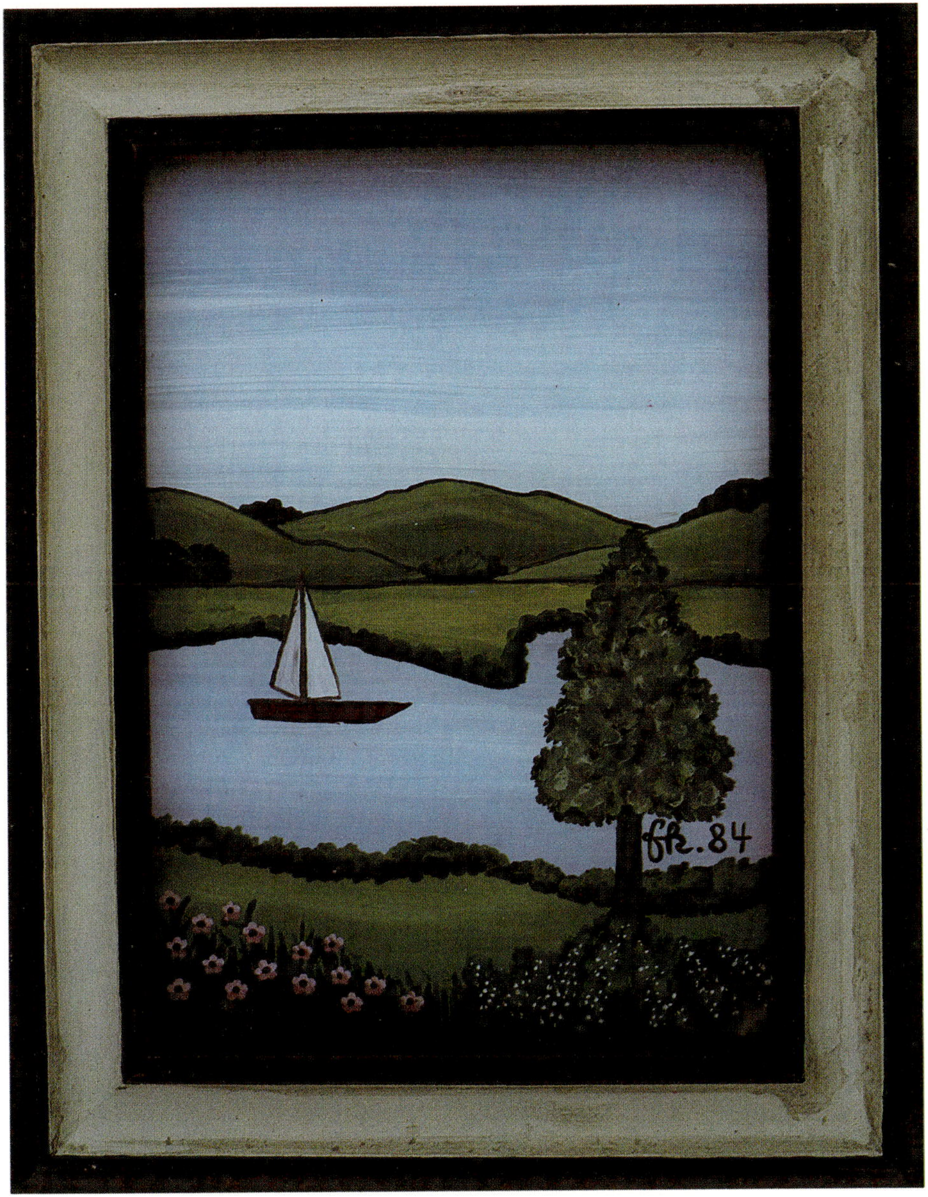

Das fertige Bild. Hier ist besonders gut zu sehen, wie das Schattieren des Himmels der Landschaft Tiefe gibt.

Malen ohne Konturen

Eine spezielle Technik beim Malen von Hinterglasbildern ist das Malen ohne Konturen. Zwar sind die dunklen Einfassungen eigentlich charakteristisch für die traditionelle Art der Hinterglasmalerei und deshalb gerade Anfängern als Hilfsmittel und Arbeitserleichterung zu empfehlen. Wer aber erst einmal eine gewisse Fertigkeit in der Technik des Glasmalens erlangt hat, kann auch ohne Konturen auskommen.

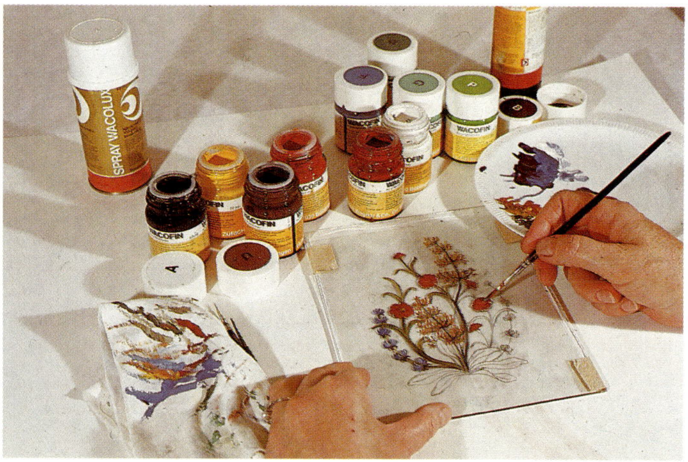

Auch ohne einfassende Konturen ist Hinterglasmalerei möglich. Beim Malen ersetzt der Riß solange die Konturen, bis das Motiv fertig ausgemalt ist.

Nach dem gründlichen Reinigen der Scheibe wird unter die Glasscheibe eine Vorlage seitenverkehrt gelegt und der Riß mit der Scheibe durch Klebestreifen verbunden.
Die durch das Glas deutlich erkennbare Strichführung der Vorlage übernimmt dann die Aufgabe der Konturen, das heißt, bei dieser Technik bleiben Riß und Glasscheibe solange miteinander verbunden, bis das Motiv fertig ausgemalt ist. Die Möglichkeit, das Werkstück gegen das Licht zu halten und so den gleichmäßigen Auftrag der Farben zu kontrollieren, entfällt somit. Daher erfordert diese Technik auch schon eine gewisse Übung im Gestalten von Hinterglasbildern.
Ob man das Motiv mit klaren Farben ausmalt oder lieber die Technik des Schattierens anwendet, bleibt jedem selbst überlassen. Glasbilder, die ohne einfassende Konturen gestaltet werden, wirken weniger kontrastreich, aber dafür zarter.

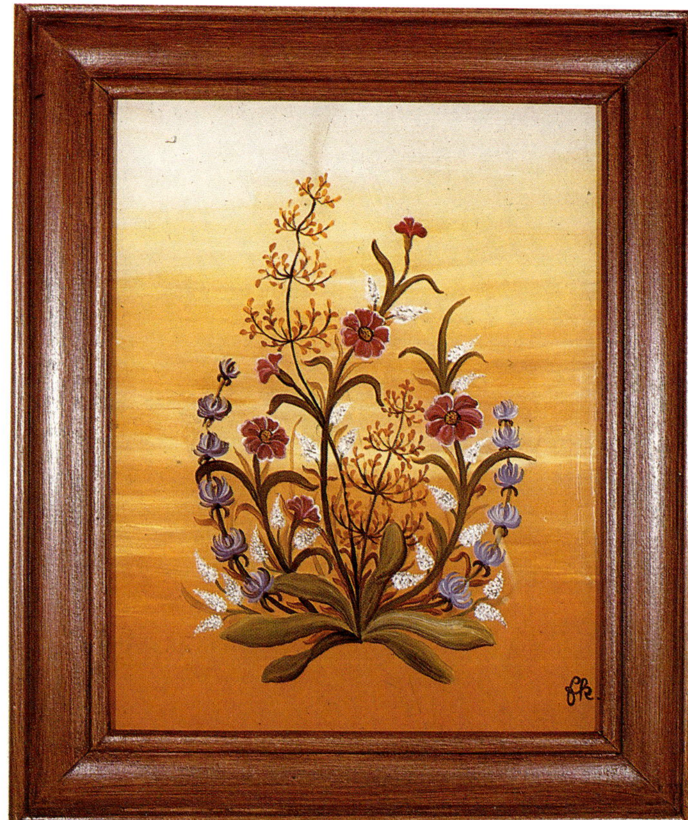

Unkonturierte Hinterglasbilder bestechen durch besonders zarte Farbkontraste.

Goldbronze als Gestaltungsmittel

Goldbronze ist ein preiswerter und leicht anwendbarer Ersatz für das schwierig zu verarbeitende Blattgold.
Fachgeschäfte und Kaufhäuser bieten Goldbronze in Spraydosen an, die aber nur dann zu empfehlen sind, wenn man größere Flächen oder den gesamten Hintergrund eines Bildes vergolden möchte. Wasserverdünnte Goldbronze dagegen, die man in kleinen Glasgefäßen erhält, ist in ihren Anwendungsmöglichkeiten weitaus vielseitiger.
Besonders Heiligenbilder wurden traditionsgemäß mit Blattgold geschmückt. Durch das Arbeiten mit Goldbronze kann dieses Gestaltungselement von jedem Hobbymaler aufgegriffen werden. Heiligenscheine, Kronen, Halsschmuck, Spangen, Kleiderborten und andere Verzierungen werden durch diese Farbe betont und geben so dem Bild einen besonderen Charakter. Sankt Martin, Sankt Florian und Sankt Georg sind vorwiegend in Ritterrüstungen gekleidet. Helm, Harnisch, Schwert oder Gürtelschnallen können ebenfalls mit Goldbronze festlich ausgestattet und dadurch herausgestellt werden. Ikonen und andere Motive mit Madonnendarstellungen sehen auf einem ganz in Goldfarbe gehaltenen Hintergrund besonders eindrucksvoll aus.
Vor dem Gebrauch muß wasserverdünnte Goldbronze gut von unten nach oben aufgerührt werden, da sie sonst allzu dünnflüssig ist. Man

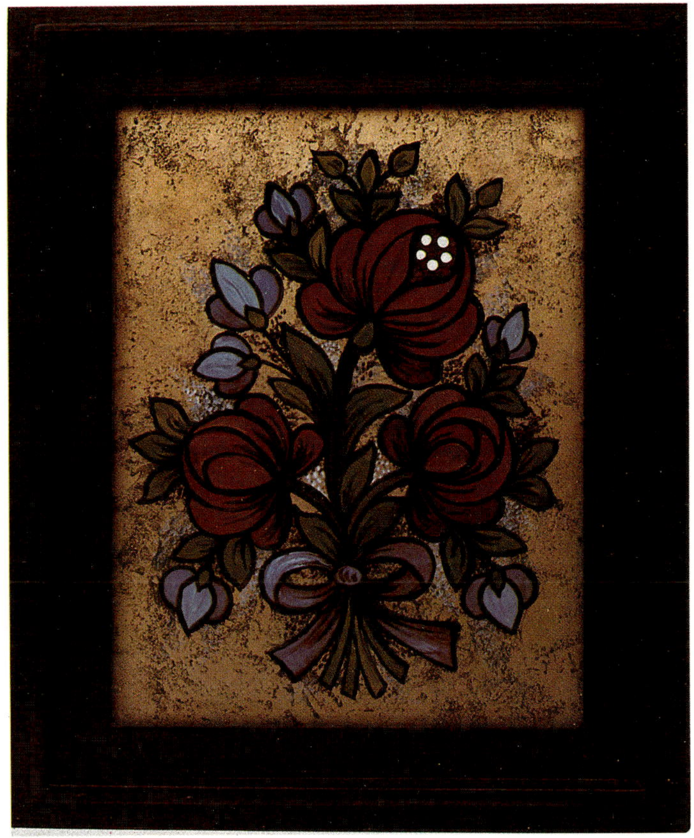

Netzartig und ungleichmäßig wurde hier die Goldbronze aufgestupft. Nach dem Übersprühen mit Kunstharzspray wurde sie mit dunkler Acrylfarbe, die dann durchschimmert, übermalt.

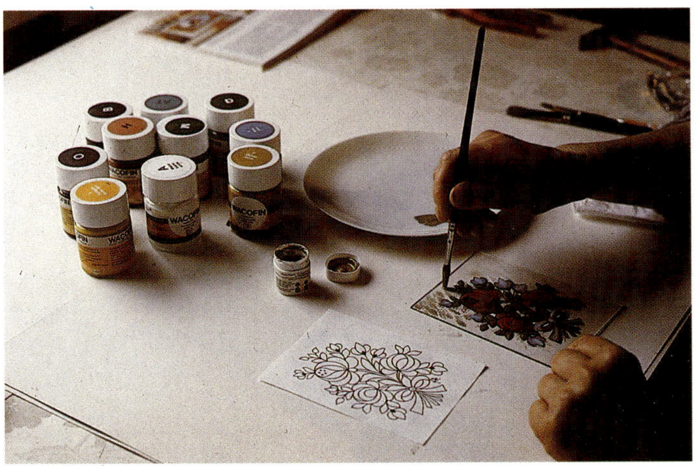

Mit einem dicken Haarpinsel wird die Goldbronze in unregelmäßigen Abständen auf die Glasscheibe gestupft.

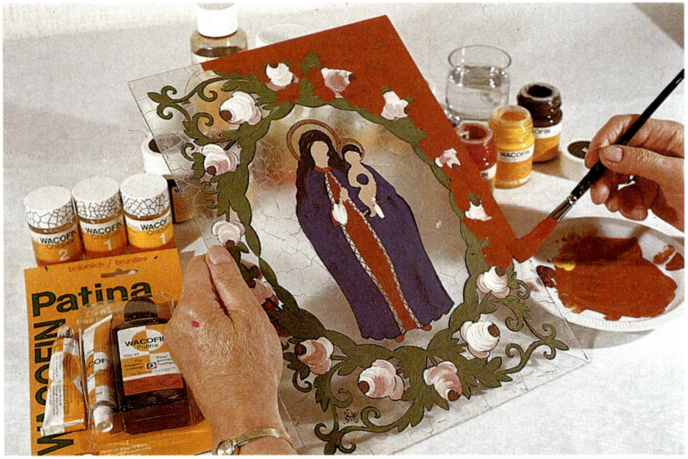

Vor dem Übersprühen mit Goldspray sollten alle Motivpartien – hier auch die das Medaillon umgebende Kartusche – vollständig mit Acrylfarbe ausgefüllt werden.

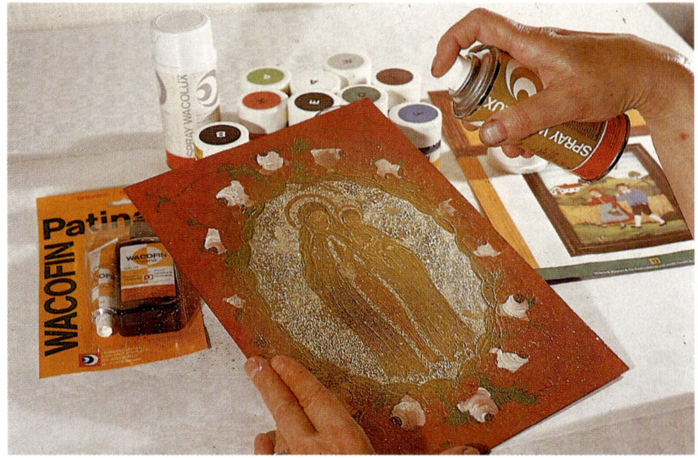

Goldbronzespray muß aus einer bestimmten, aus der Gebrauchsanweisung ersichtlichen Entfernung auf das waagerecht liegende Werkstück aufgesprüht werden.

trägt sie wie jede andere Mattfarbe mit einem weichen Haarpinsel gleichmäßig dick und gut deckend auf. Bevor sie mit einer nachfolgenden Farbe übermalt werden kann, sollte sie nicht nur gut durchgetrocknet sein, sondern muß durch Übersprühen mit einem matten Klarlack geschützt werden. Vorsichtshalber ist nach etwa 10 Minuten eine zweite Fixierung mit Sprühlack ratsam, weil wasserlösliche Bronze besonders empfindlich auf weitere Farbaufstriche reagiert, das heißt, durch diese angelöst und verwischt werden könnte.
Dick und absolut deckend aufgemalte Goldbronze kann leicht allzu plakativ und eintönig wirken, besonders wenn viele kleine Teile oder eine größere Fläche damit dekoriert wurden. Die Farbe wirkt lebendiger, wenn man die Bronze zunächst nur dünn und transparent aufträgt, das heißt, bewußt Fehlstellen erzeugt. Nach zweimaligem Fixieren der Bronze mit mattem Klarlack wird sie dann vollständig deckend mit roter Farbe überstrichen. Beim Umwenden des Bildes stellt sich heraus, daß der rote Ton durch den goldfarbenen unregelmäßig stark hindurchschimmert. Einen ähnlichen Effekt erreicht man, wenn Goldbronze mit ein wenig roter oder brauner Farbe vermischt auf die entsprechenden Felder aufgebracht wird. Es ergibt sich hier zwar ein einheitlicher Farbton, der aber eine leicht changierende Wirkung hat und so den Eindruck von Einförmigkeit stark vermindert.
Um die verhältnismäßig große Fläche eines goldfarbenen Bildhintergrundes zu strukturieren, kann die Technik des Stupfens angewendet werden. Hierfür gibt man auf einen flachen Teller einen Teelöffel Goldbronze und verrührt die Farbe mit ein wenig Wasser bis sie eine geschmeidige Konsistenz hat. Mit einem dicken, runden Haarpinsel wird nun etwas Farbe aufgenommen und in unregelmäßigen Abständen sowie unterschiedlicher Dichte über die zu dekorierende Fläche der Glasscheibe gestupft. Hierbei darf keinesfalls ein Borstenpinsel verwendet werden, da damit die zarten Konturen angekratzt, abgelöst oder verschoben werden könnten. Große und kleine sowie dicke und dünne Goldstupfer sollten abwechselnd aufgebracht werden und das Bild so übersäen, daß am Ende, trotz aller Unregelmäßigkeit des Farbauftrags, eine einheitliche Strukturierung erkennbar ist. Es erscheint daher ratsam, während des Arbeitsvorgangs das Glas immer wieder umzudrehen, um auf der Vorderseite die Wirkung zu kontrollieren und eventuell auftretende Fehler sofort zu korrigieren. Solange Goldbronze noch naß ist, können klecksartige Stellen mit einem flu-

senfreien Tuch entfernt oder mit einem sauberen, trockenen Pinsel so lange ausgedünnt, herausgehoben oder vertrieben werden, bis sich die gewünschte Wirkung zeigt. Stupfer sind nur dann als solche klar erkennbar, wenn ihre stärkste Dichte sich deutlich von den daneben befindlichen, eher transparenten Tönungen abhebt. Es ist empfehlenswert, nach dem Durchtrocknen der Goldbronze das Bild auf einen dunklen Untergrund zu legen, um zu prüfen, ob die angestrebte harmonische Einheitlichkeit der Farbverteilung erreicht wurde. Man kann zwar eine zu große Dichte beim Farbauftrag nun nicht mehr ausbessern, hat jedoch die Möglichkeit, durch erneutes Abdecken allzu dünner Fehlstellen einen Ausgleich herbeizuführen, so daß der Gesamteindruck einheitlicher wird. Nach zweimaligem gleichmäßigem Übersprühen mit Klarlack, wobei das Bild in waagerechter Lage gehalten und zwischendurch jeweils zum Trocknen weggelegt werden sollte, wird zum Schluß eine zu dem Goldton stark kontrastierende Farbe aufgetragen. Bei Heiligenbildern eignen sich dafür besonders rote oder dunkelviolette Töne. Diese Farben heben sich nicht nur gut von der Goldbronze ab, sondern haben als sogenannte »sakrale Farben« in der Hinterglasmalerei für diese Sujets auch eine lange Tradition.

Blumensträuße wirken durch einen goldfarbenen Hintergrund besonders effektvoll. Er gibt dem Bild den Anschein von Kostbarkeit und vermittelt gleichzeitig eine gewisse Schwerelosigkeit und Weite. Bei Blumenmotiven wählt man für den abschließenden Anstrich einen dunklen Farbton, der sich in Blättern oder Blüten des Motivs wiederholen sollte.

Die Technik des Aufstupfens von Goldbronze ist leicht zu erlernen, doch ist auch hier, wie bei vielen anderen Dingen, eine gewisse Übung erforderlich. Anfängern in dieser Technik sei deshalb empfohlen, das Verfahren und seine Wirkung erst einmal auf Abfallglas auszuprobieren.

Stupfen ist eigentlich nichts anderes als eine Art von Spielerei mit Farbe und Pinsel, bei der bestimmte Regeln zu beachten sind. Die Farbmenge in Verbindung mit unterschiedlichem schwachem oder stärkerem Pinseldruck ist für die Wirkung entscheidend. Hinzu kommt die flache oder steile Führung des Pinsels und dessen Größe. Wird auch nur eines dieser Gestaltungsmittel verändert, ergeben sich jeweils neue Kombinationen, von denen man so viele wie möglich systematisch solange durchprobieren sollte, bis man die Art des Stupfens gefunden hat, die einem am besten gefällt oder die sich am bequemsten durchführen läßt.

Will man eine größere Fläche in Gold gestalten, ist auch Gold-

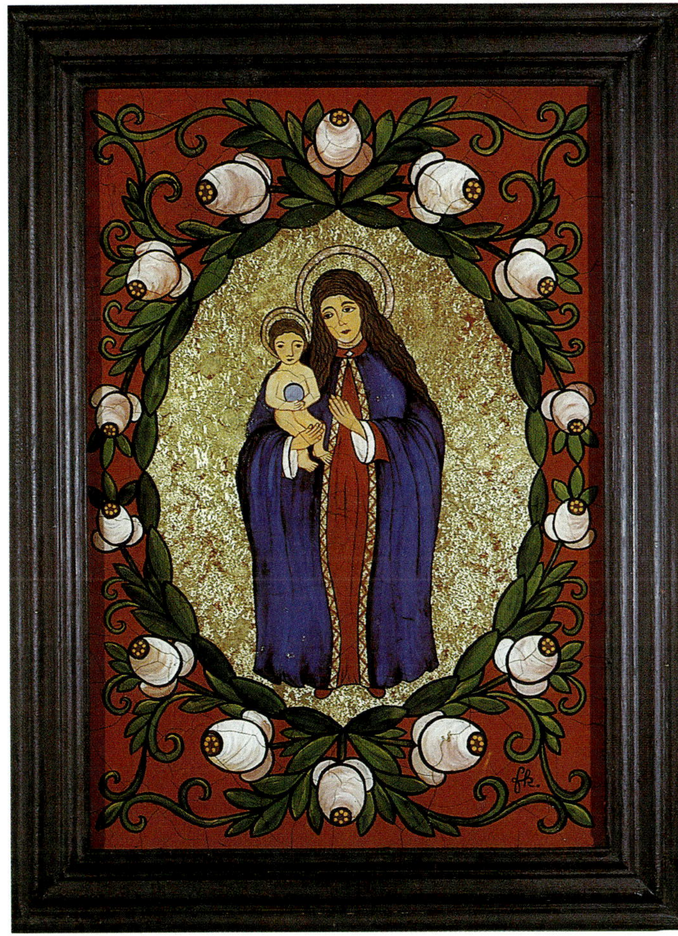

Der unregelmäßig deckende Goldsprayauftrag wurde nach dem Durchtrocknen mit roter Acrylfarbe hinterlegt. So wirkt die Fläche des Medaillons nicht plakativ, sondern lebendig strukturiert.

bronze-Spray einfach und risikolos anwendbar, wenn man sich genau an die Gebrauchsanweisung hält. Die Dose muß vor Gebrauch kräftig durchgeschüttelt und der Goldfilm aus einer unbedingt zu beachtenden Entfernung von 30 cm dünn und gleichmäßig auf die waagerecht liegende Glasscheibe gesprüht werden. Auch diese Goldbronze kann anschließend mit einer dunklen kontrastierenden Farbe übermalt werden, die dann auf der Vorderseite durch den Goldfilm schimmert. Möchte man einen deckenden Auftrag erzielen, muß ein zweiter Sprühfilm aufgetragen werden. Er gewährleistet zugleich den abschließenden Schutz des Bildes und macht eine weitere Nachbehandlung überflüssig.

Goldfarbene Konturen sind nicht nur selten und ungewöhnlich, sondern stellen eine attraktive Variante in der Hinterglasmalerei dar. Besonders wirkungsvoll sind sie bei Blumenarrangements (siehe auch unser Beispiel) oder bei Motiven aus dem Bereich Naiver Malerei.

Wasserlösliche Goldbronze wird wie jede andere Konturenfarbe verarbeitet, wobei man alle Umrisse entlang der Linienführung des gewählten Motivs mit einem Rotmarderpinsel Nr. 0 nachzieht. Selbst Gesichter, Hände und andere Körperteile kann man damit umranden. Da die zarten, dünnen, goldfarbenen Konturen besonders empfindlich auf die nachfolgenden mechanischen Strichbewegungen des Pinsels beim Ausmalen reagieren und durch diesen verschoben oder angelöst werden können, darf ein zweimaliges schützendes Fixieren mit einem matten Klarlack keinesfalls vergessen werden. Hier ist gewissenhaft darauf zu achten, daß sich dabei die Glasscheibe in waagerechter Lage befindet, und daß der jeweilige Sprayfilm nur sehr dünn und trocken aufgesprüht wird. Das Ausmalen des Netzes goldfarbener Konturen erfolgt in der gleichen Weise wie das dunkler Umrisse, wobei bei der Farbenwahl lediglich zu bedenken ist, daß sich die jeweiligen Töne gut von ihrer goldenen Umrahmung abheben.

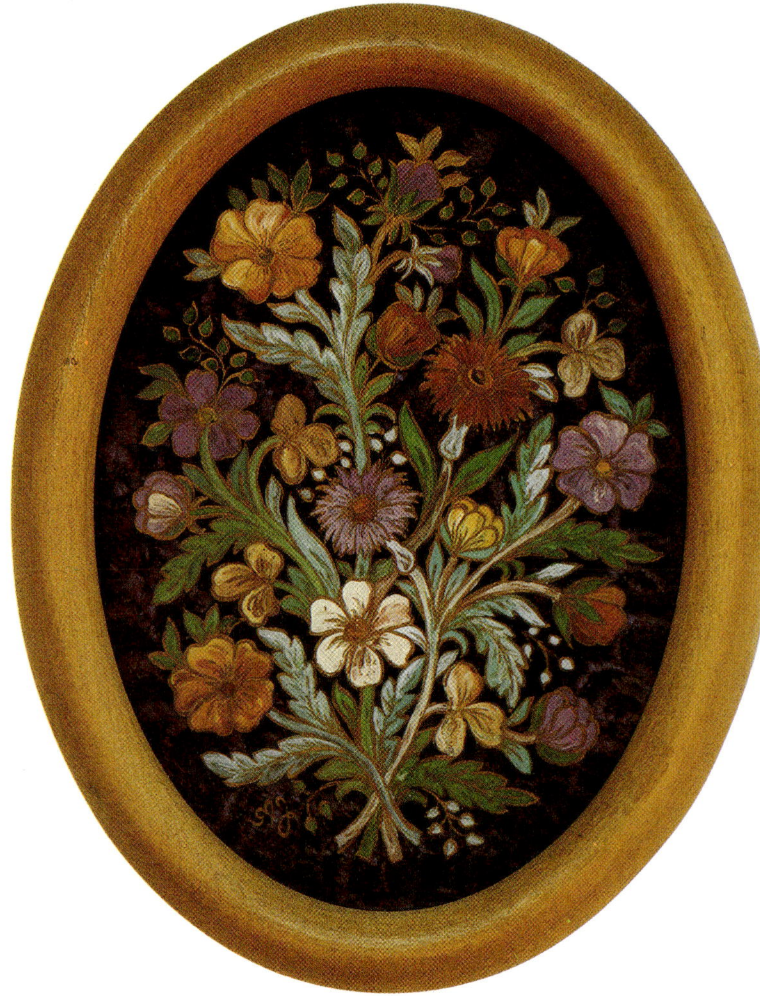

Die Konturen dieses Blumenbildes wurden mit wasserlöslicher Goldbronze gezogen.

Patinieren

Bei alten Hinterglasbildern sind häufig durch feuchtes Mauerwerk, extrem große Kälte oder andere Umwelteinflüsse bedingte Verfallserscheinungen der Farben zu beobachten. Diesen Effekt vermag man teilweise vorzutäuschen, wenn das Glas nach dem gründlichen Säubern künstlich auf »Alt« getrimmt wird. Die sogenannte Patina läßt sich leicht aus grauer, brauner, umbragrüner und schwarzer Farbe herstellen, die auf einem flachen Teller sehr stark verwässert werden muß. Nun überstreicht man mit einem flachen, breiten Haarpinsel dünn und gleichmäßig die gesamte Fläche der Scheibe. Der transparente Farbfilm bewirkt, daß alle nachfolgenden Farben stark »gebrochen« erscheinen, das heißt, ihnen viel von ihrer Leuchtkraft genommen wird. Ähnlich verhält es sich, wenn Patina mit einem weichen Lappen über das Bild gerollt, gedreht oder gewalzt wird. Das sogenannte »Schwämmeln«, ein Auftupfen von verdünnter Farbe mit einem kleinen, nicht zu großporigem Schwamm, ist ebenfalls eine Möglichkeit, einen Alterungsprozeß vorzutäuschen. Schimmel- oder Stockflecken kann man imitieren, beispielsweise indem an den Rändern einer Scheibe Patina so verteilt wird, als habe die Feuchtigkeit, von den Außenkanten nach innen verlaufend, das Bild ergriffen. Nicht nur der noch nasse Farbauftrag läßt sich hierbei immer wieder korrigieren, sondern auch die bereits angetrocknete Patina kann nachträglich ebenfalls Veränderungen erfahren. Zu dünn geratene Stellen lassen sich durch erneutes Auftupfen ergänzen und allzu große Farbdichte kann mit einem Lappen ausgerieben oder mit Zahnstocher, Pinselstiel oder Kratznadel ausgedünnt werden. Die gezielten oder unbeabsichtigten Unregelmäßigkeiten, die sich beim Patinieren durch ein Tuch oder einen Schwamm ergeben, erzeugen nicht nur den Anschein von Antiquiertheit, sondern können auch ein Bild wesentlich beleben. Bei einem Motiv, das beispielsweise eine Landschaft zeigt, vermittelt ein nur partiell aufgebrachter Patinafilm den Eindruck einer besonders stimmungsvollen Bildatmosphäre, da an diesen Stellen die Farben sehr gedämpft erscheinen.
Patina muß 2- bis 3mal dünn und trocken mit einem matten Klarlack aus einer Entfernung von 30–40 cm übersprüht werden, da sie durch die späteren Arbeitsvorgänge nur allzu leicht verletzt werden könnte. Auf die so vorbereitete Glasscheibe kann nun das Hinterglasbild gemalt werden.

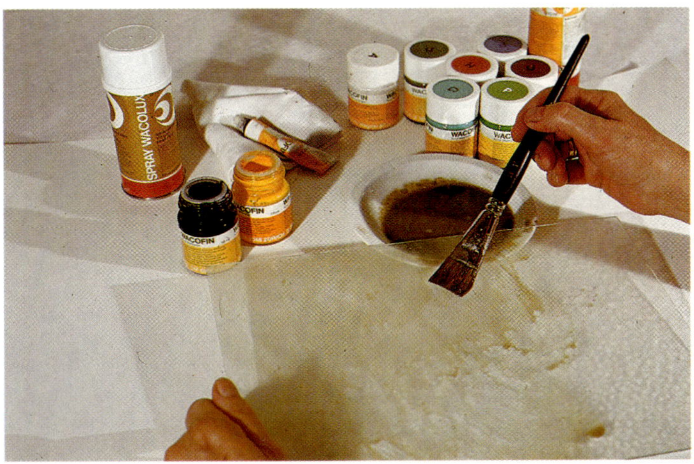

Bei der Hinterglasmalerei muß die Glasscheibe vor der Bemalung patiniert werden. Dies kann mit jeder dunklen und stark verdünnten Acrylfarbe geschehen.

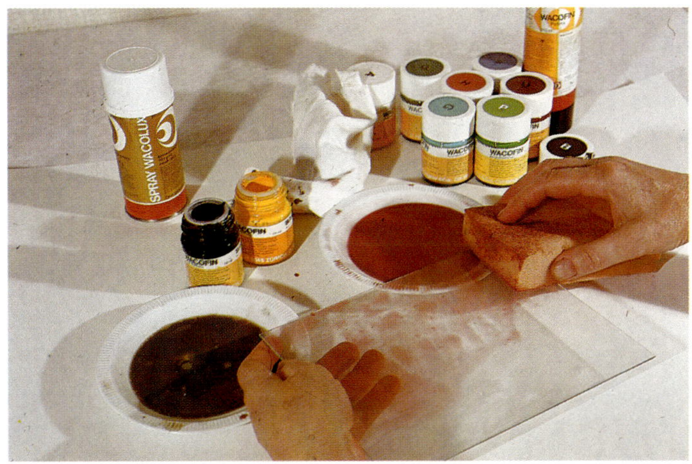

Bekannt sind Alterungseffekte durch das sogenannte Schwämmeln. Man stupft hierbei verdünnte Acrylfarbe mit dem Schwamm über die gesamte Fläche des Glases. Vor dem Bemalen des Glases muß die Patina mit einem Kunstharzspray geschützt werden.

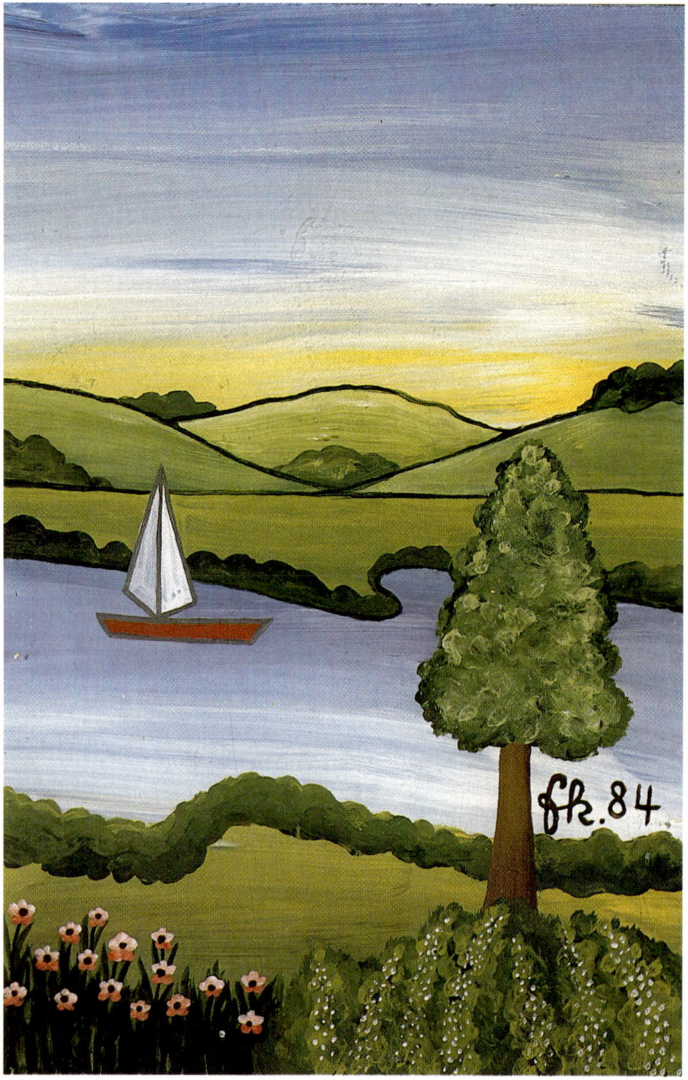

Ohne Patina wirkt die Landschaft hell und sonnig.

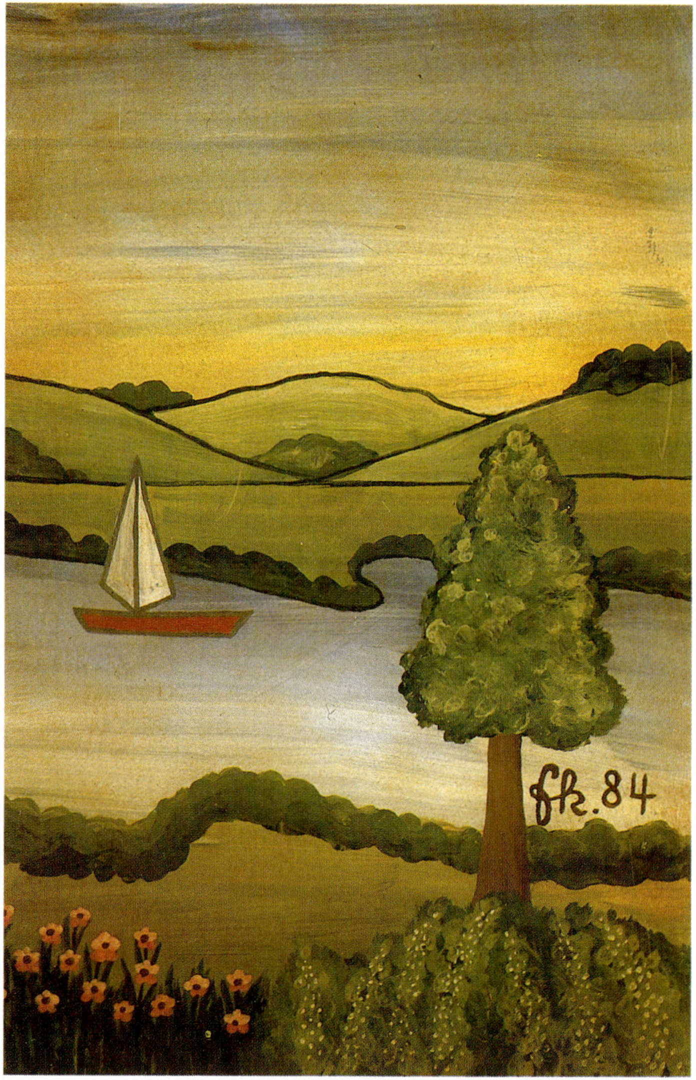

In der Gegenüberstellung wird der Effekt der Patinierung besonders deutlich. Durch die gebrochenen Töne verändert sich die gesamte Stimmung des Bildes.

Craquelieren

Als Craquelée (französisch = rissig) bezeichnet man die feine, netzartige Rißbildung von Glasuren, die vielfach auf irdenen Tongefäßen zu finden ist und die durch Spannungen beim Erkalten entsteht. In neuerer Zeit gelang es der Farbenindustrie Produkte zu entwickeln, die es Laien ermöglicht, einen ähnlichen Effekt auf der Oberfläche von Gläsern sowie anderen Materialien künstlich zu erzeugen. Zwar ist Craquelée auf alten Hinterglasbildern völlig ungebräuchlich, doch warum sollen neue Techniken nicht mit traditionellen kombinierbar sein? Experimentierfreudige Hobbymaler werden dieses Verfahren gern in ihr gestalterisches Repertoire aufnehmen.
Craquelierlack, der vielfach auch unter der Bezeichnung »Reißlack« geführt wird, ist als Set in Bastlergeschäften erhältlich und besteht aus 3 Lackkomponenten, nämlich Reißlack Nr. 1, 2 und 3 sowie einer Tube mit brauner Ölfarbe, der Patina. Das Craquelieren erfordert ein wenig Fingerspitzengefühl und die genaue Befolgung der auf der Packung angegebenen Gebrauchsanweisung. Bei Hinterglasbildern muß die gut gereinigte Scheibe bereits vor der Bemalung craqueliert werden.

Mit einem großen Haarpinsel wird zunächst Reißlack Nr. 1 gleichmäßig auf das Glas gestrichen und danach die Scheibe in einem staubfreien Raum beiseite gelegt. Hier muß der Lack Nr. 1 je nach Raumtemperatur und Stärke des Lackauftrages mindestens 3, höchstens jedoch 10 Stunden antrocknen. Er darf auf keinen Fall ganz trocken sein, da sonst die angestrebte Rißbildung nicht mehr möglich ist. Bevor Lack Nr. 1 also trocken ist, wird die gesamte Fläche mit Craquelierlack Nr. 2 überstrichen. Dabei muß man darauf achten, daß keine Stelle ausgespart bleibt und die Lackschicht ausreichend dick aufgetragen ist.
Der Lack Nr. 2 trocknet wesentlich schneller, als der erste Auftrag und hat nach etwa 2 Stunden den Craquelierlack Nr. 1 völlig luftdicht abgeschlossen. Dadurch ergeben sich in der ersten Lackschicht Spannungen, die sich schon bald als Risse zeigen, die zum Schluß die gesamte Oberfläche des Werkstückes netzartig überziehen. Dieser Prozeß ist nach 48 Stunden abgeschlossen. Reißlack Nr. 2 hat damit seine Aufgabe erfüllt und kann mit lauwarmem Wasser und einem weichen Lappen vollständig abgewaschen werden. Keine Angst, die erste Lackschicht haftet fest auf der Glasscheibe und wird dabei nicht beschädigt.

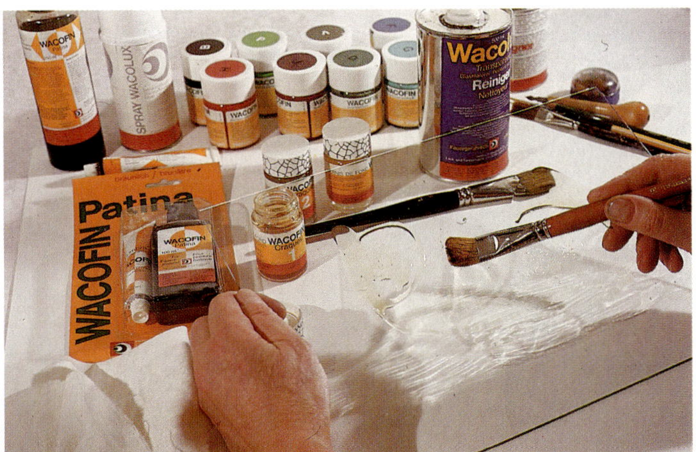

Das Craquelieren eines Hinterglasbildes muß vor der Bemalung durchgeführt werden.

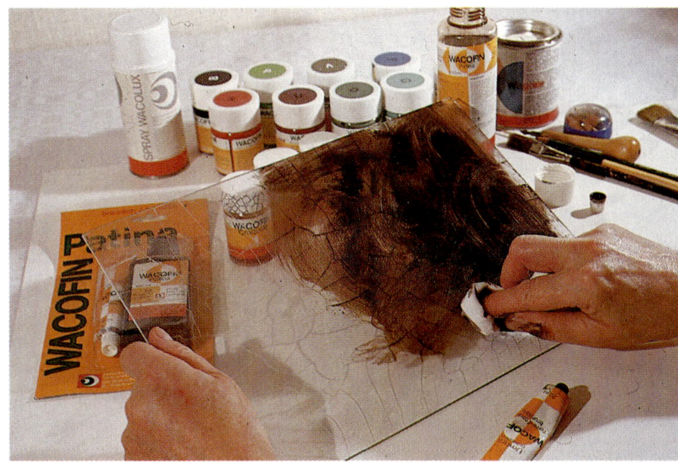

Craquelée erreicht erst dann seine spezifische Wirkung, wenn die craquelierte Glasscheibe patiniert wird.

Die charakteristische Musterung von Craquelée kommt erst dann zur Geltung, wenn die Scheibe vor dem Bemalen patiniert wird. Mit brauner Ölfarbe (liegt der Packung bei) und einem flusenfreien Lappen überschmiert man das gesamte Werkstück, wobei darauf zu achten ist, daß auch zarte Verästelungen einbezogen werden. Mit einem sauberen Tuch muß anschließend soviel von Farbe weggewischt werden, bis der Ton erreicht ist, der angestrebt wurde. Es ist ratsam, die craquelierte und patinierte Scheibe auf ein bereits fertiges Bild oder ein buntes Kalenderblatt zu plazieren, um so zu prüfen, ob der Patinaeffekt die erwünschte Wirkung zeigt.
Hat man lediglich die netzartigen Rillen des Craquelée mit brauner Farbe betont und die Oberfläche wieder völlig ausgerieben, kann die Scheibe nach 48 Stunden mit einem haushaltsüblichen Spülmittel entfettet, mit Leitungswasser nachgespült und danach in der üblichen Art bemalt werden. Ein kräftiger Patinafilm hingegen bedarf einer gründlichen Trocknungszeit von etwa 2 Wochen, bevor er mit Craquelierlack Nr. 3 geschützt werden kann. Dieser Lack braucht 48 Stunden zum Verfestigen, damit Konturen und Farben gut darauf haften.
Ein Übersprühen mit Klarlack ist beim Craquelieren nicht möglich, da beide Lackarten sich nicht vertragen und Klarlack Veränderungen in der Reißlackschicht verursacht. Das gleiche gilt für Goldspray. Diese Unverträglichkeit kann man sich mit ein wenig Mut zum Experimentieren auch zunutze machen und gezielt als Effekt einplanen. Wird ein craqueliertes und patiniertes Glas mit nitrohaltiger Goldbronze übersprüht, beginnt der terpentinverdünnbare Reißlack ein sofortiges Eigenleben. Er hebt sich leicht von der Scheibe ab, erzeugt Blasen, verbindet sich teilweise mit der Bronze und läßt sie leicht zusammenschrumpfen, wodurch leere Stellen entstehen. Nach kurzer Zeit schon fallen durch den Trocknungsprozeß beider Lackarten die Bläschen in sich zusammen, verbinden sich wieder mit dem Glas und bleiben haften. Die Musterung, die dabei entstanden ist, wird erst durch eine am nächsten Tag aufgestrichene Kontrastfarbe gut sichtbar und ausdrucksvoll.

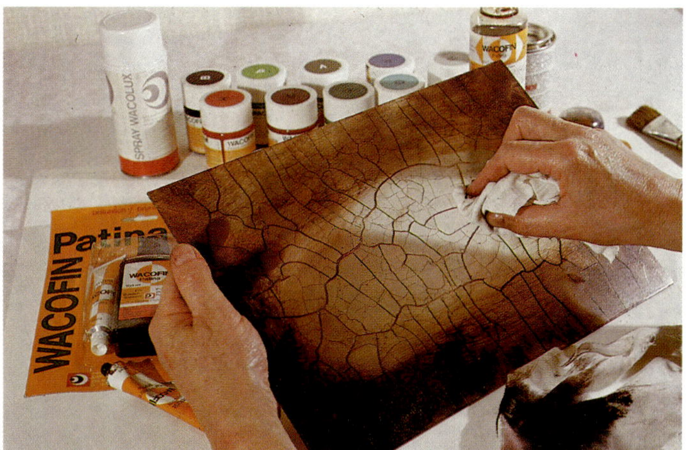

Die Patina muß über den gesamten Farbträger verrieben werden. Dabei sollte man besonders darauf achten, daß auch alle feinen Risse im Lack miteinbezogen werden.

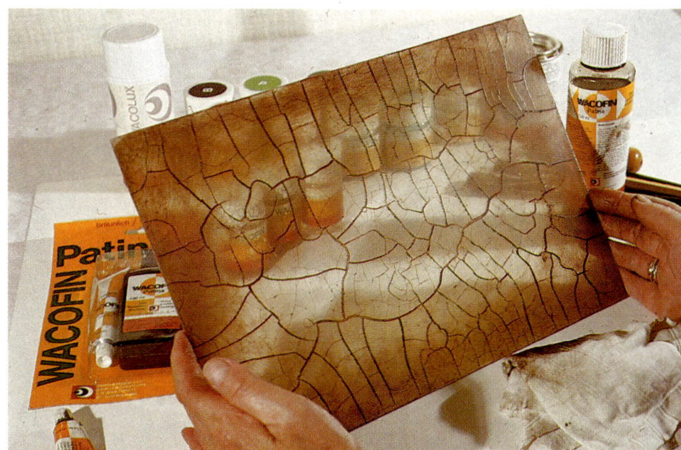

Man wischt nun soviel von der Patina aus, bis der Grad von künstlichem Alterungseffekt erreicht ist, den man anstrebt.

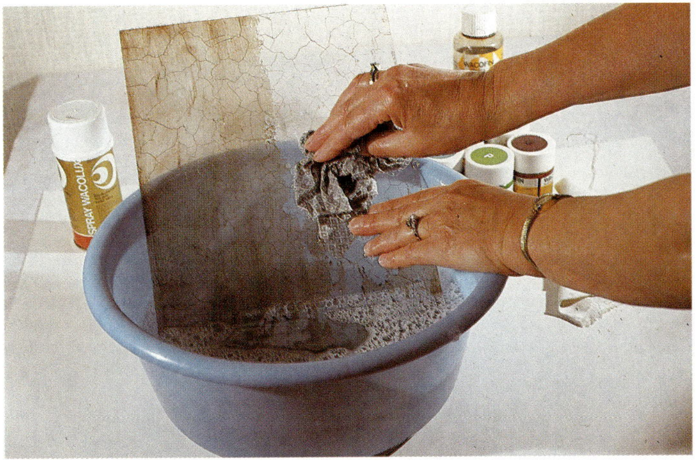

Soll lediglich die netzartige Rißbildung betont werden, kann nach 48 Stunden die Patina mit Wasser, dem man ein wenig Haushaltsspülmittel beigefügt hat, abgewaschen werden.

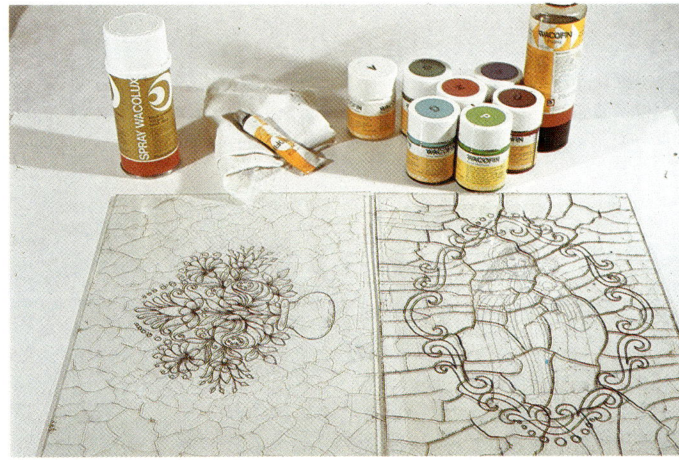

Craquelierte und patinierte Werkstücke, deren Oberfläche abgewaschen wurde, können sofort nach dem Abtrocknen bemalt werden.

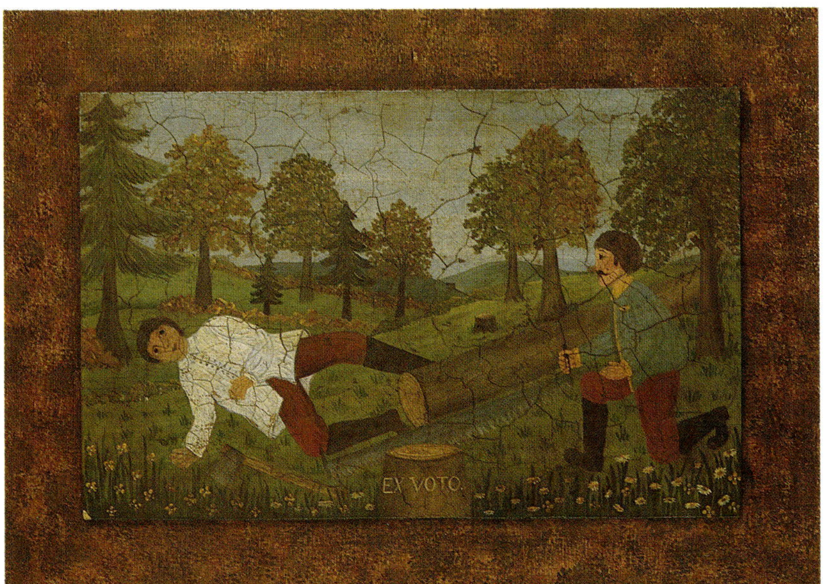

Durch das Craquelieren der Scheibe entstand eine netzartige Rißbildung, die diesem Bild den Anschein von Alter gibt.

Hinterglasradierung

Bei der HInterglasradierung wird das Motiv aus einer einheitlich aufgetragenen, trockenen Hintergrundfarbe mit einer Radiernadel herausgekratzt. Schwarze oder andere, sehr dunkle Töne sind das vorherrschende Element dieser Bilder und stehen in dekorativem Kontrast zu den vorwiegend goldenen, silbernen oder weißlichen Farben des Hintergrundes. Hobbykünstlern, die in dieser Technik noch ungeübt sind, sei für erste Versuche ein einfaches und übersichtliches Motiv empfohlen, bei dem eine exakte Linienführung nicht gar so wichtig ist.

Anders als bei der bisher beschriebenen Hinterglasmalerei muß bei der Radierung als erster Arbeitsgang der Hintergrund aufgemalt werden, da das Motiv aus dem dunklen Hintergrund herausgekratzt wird. Man benutzt dazu mit Wasser leicht verdünnte, schwarze Konturenfarbe oder eine andere dunkle Acryl-Mattfarbe und verteilt diese gleichmäßig mit einem breiten, flachen Haarpinsel über die gut gesäuberte Glasscheibe. Ein allzu dünner Auftrag kann später genauso störend wirken wie Farbwülste, die sich nur schwer und ungenau auskratzen lassen.

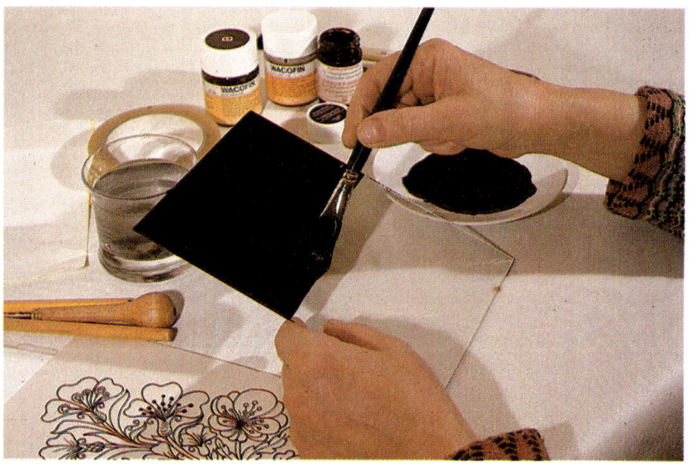

Bei der Hinterglasradierung, im Gegensatz zu der allgemein üblichen Hinterglasmalerei, muß als erstes der Hintergrund in einer dunklen Farbe sehr gleichmäßig aufgestrichen werden.

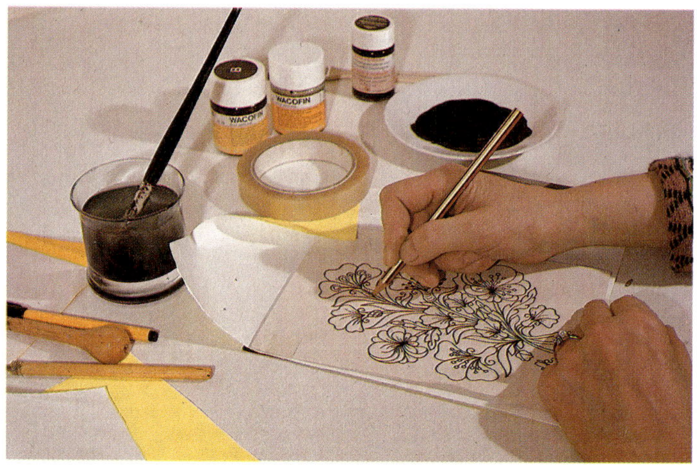

Auf dem gut durchgetrockneten Hintergrund wird mit Hilfe von hellem Kreidepapier das gewählte Muster durchgepaust.

Nach dem Durchtrocknen des Hintergrundes (1–2 Stunden) überträgt man das gewählte Motiv auf die Glasscheibe. Es ist am zweckmäßigsten, hierzu ein weißes oder gelbes Kreidepapier zu verwenden (Schneiderpapier), dessen beschichtete, glänzende Seite dabei auf der Farbschicht aufliegen muß. Darüber legt man den Entwurf (seitenverkehrt!) und befestigt ihn durch Klebeband an mehreren Stellen mit der Scheibe, um ein Verrutschen zu verhindern. Mit einem spitzen, harten Bleistift werden nun alle Umrisse des Musters genau nachgezogen. Es ist ratsam, vor dem Ablösen der Vorlage zu prüfen, ob alle Linien deutlich sichtbar durchgepaust erscheinen, um fehlende Striche sofort zu ergänzen.

Bei der Technik des Auskratzens arbeitet man am bequemsten mit einer Radiernadel, weil sie sicher in der Hand ruht und dadurch leicht und zuverlässig auf geringen oder kräftigen Druck reagieren kann. Selbstverständlich ist es auch möglich, sich mit anderen Hilfsmitteln wie Zahnstocher, Nagel, Messer oder Stopfnadel zu begnügen. Zum Schutz der Grundierfarbe sollte ein Blatt Papier unter die Arbeitshand geschoben werden. Es ist zweckmäßig, eine helle Unterlage unter das Werkstück zu plazieren, damit die Wirkung ausgekratzter Stellen sofort und leicht erkennbar ist.

Entlang den vorgezeichneten Konturen wird nun strichweise das Motiv aus dem dunklen Untergrund herausgekratzt, wobei man kleine Partien vorsichtig ausritzen muß und größere Teilstücke mit einem Messer oder einem Pinselstiel ausschaben kann. Die Schattierung von Blüten und Blättern eines Blumenstraußes ergibt sich durch stehengelassene feine, schwarze Linien. Die aufgezeichneten Abgrenzungen eines Gebäudes mit Dach, Fenstern und Türen müssen ebenfalls durch ausgesparte dunkle Umrisse angedeutet werden. Ebenso verhält es sich bei einem Gesicht, dessen Fläche solange ausgekratzt wird, bis am Schluß nur noch der Mund, die Nase und die Augen als zarte, schwarze Farbpartien übrigbleiben.

Sind durch allzu reichliches Wegnehmen von Farbteilen Fehlstellen entstanden, kann man sie durch einen erneuten Farbauftrag vorsichtig ergänzen und nach dem Durchtrocknen wieder mit der Radiernadel bearbeiten. Das gleiche gilt für Gesichter, bei denen disharmonische oder zu klein geratene Andeutungen von Mund, Nase oder

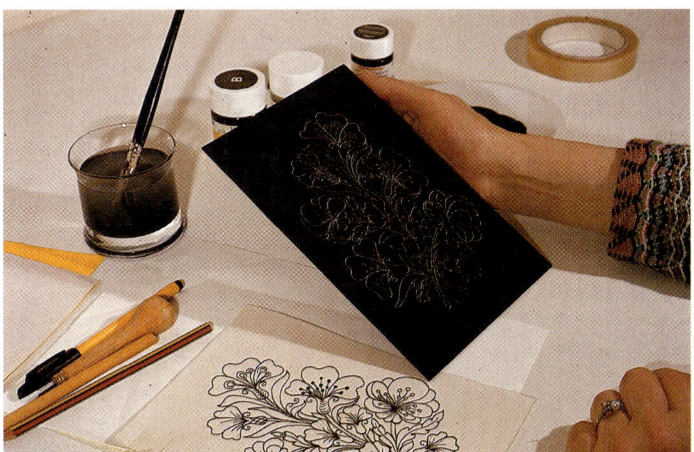

Das deutlich erkennbare Motiv kann nun mit einer Radiernadel oder einem anderen spitzen Gegenstand ausgekratzt werden.

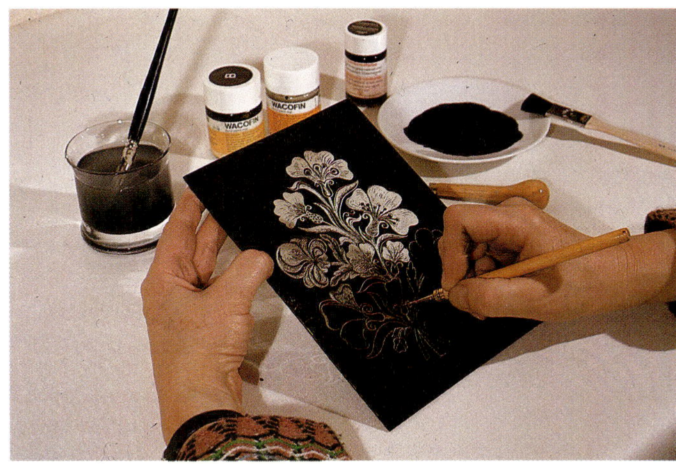

Schattierungen oder andere wichtige Zierelemente müssen als schwarze Striche und Rundungen stehenbleiben und ausgespart werden. Versehentlich entfernte Partien können mit Farbe und Pinsel wieder ergänzt werden.

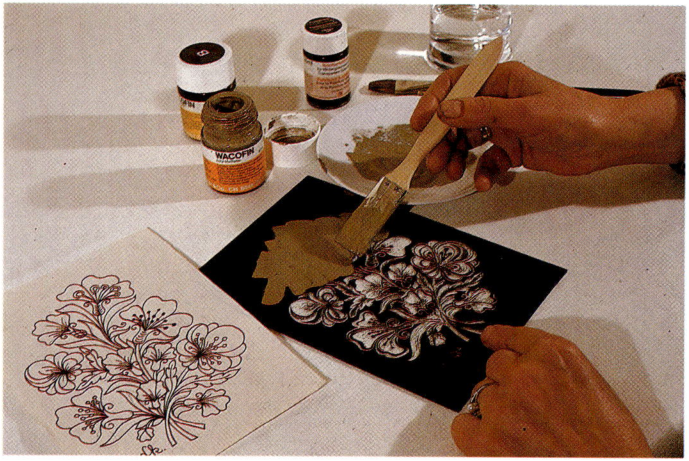

Das fertig ausgekratzte Motiv muß mit einem Kunstharzlack geschützt und nach dem Trocknen mit einer Kontrastfarbe unterlegt werden.

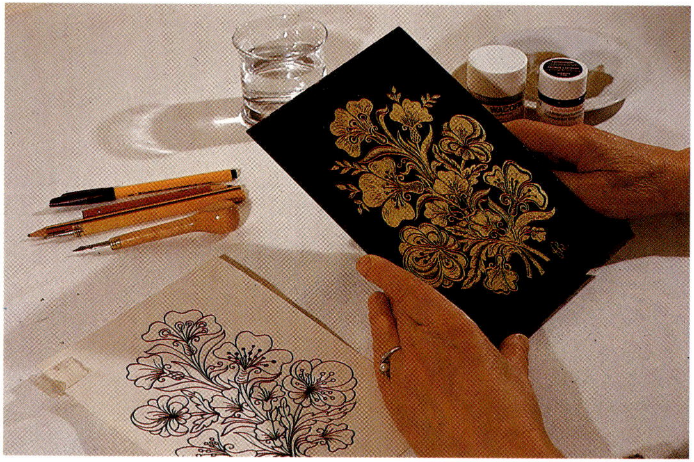

Typisch für Hinterglasradierungen sind hellgraue sowie gold- oder silberfarbene Töne.

Augen besonders unangenehm auffallen. Im allgemeinen jedoch sollte man nicht allzu kritisch mit sich umgehen. Für die dekorative Wirkung eines an der Wand hängenden Bildes ist nicht unbedingt das mit großer Akribie ausgeführte Detail wichtig, sondern der Gesamteindruck.

Bevor das Werkstück einen zweimaligen, schützenden Auftrag mit klarem Sprühlack erhält, muß man es gewissenhaft nach eventuell zurückgebliebenen Farbkrümeln absuchen. Diese müssen sorgfältig entfernt werden, weil sie sonst auf der Vorderseite des Glases als dunkle Punkte sichtbar bleiben. Nun kann endlich die das Motiv völlig abdeckende, helle Farbe oder eine wasserverdünnbare Goldbronze mit einem flachen Haarpinsel gleichmäßig aufgemalt werden. Nach dem Durchtrocknen ist wiederum ein schützender Film aus Klarlack notwendig.

Will man das Bild jedoch mit Goldspray unterlegen, erübrigt sich ein vorangehender Schutz der schwarzen Farbe durch Klarlack. Ein zweimalig aufgetragener, gleichmäßig deckender Sprayfilm mit Goldbronze gewährleistet sowohl den Farbkontrast, wie auch den endgültigen und abschließenden Schutz einer Hinterglasradierung und bedarf keiner weiteren Nachbehandlung.

Hinterglascollage

Unter einer Hinterglascollage versteht man das Unterlegen von kleinen, klar umrissenen Flächen oder eines gesamten Hintergrundes mit Textilien, Gold-, Silber- und Bronzefolien oder allen einfarbig bunten, glatten oder kreppartigen Papiersorten. Am problemlosesten und gleichzeitig am attraktivsten ist eine nur zweifarbige Collage, die zudem den Vorteil hat, schnell zum Erfolg zu führen. Die erste Farbe ist dabei die Farbe der Konturen, die zweite Farbe ergibt sich mit dem Auflegen des Hintergrundes. Bei einer Hinterglascollage müssen sich die dunklen Konturen des Motivs kontrastreich vom einheitlich unifarbenen Hintergrund abheben. Die Umrisse sollten bei dieser Art des Gestaltens auf keinen Fall so fein und exakt sein, wie bei der üblichen Hinterglasmalerei, wie auch an dem Beispiel des Frauenkopfes deutlich wird. Der Effekt wird nur gesteigert, je stärker und deutlicher sich Kontur und Hintergrund voneinander unterscheiden. Deshalb eignen sich nicht alle Motive zur Umsetzung in eine Collage, und man sollte vor Arbeitsbeginn den gewählten Riß und die geplante Hinterlegung mit Papier, Folie oder Stoff sorgfältig überlegen.
Steht das Motiv fest, klebt man den Riß in der schon bekannten Weise seitenverkehrt auf die gereinigte Glasscheibe und überträgt im ersten Arbeitsgang die Konturen mit schwarzer oder dunkler Acrylfarbe auf die Scheibe. Dabei sollte man darauf achten, daß alle Konturen ohne Fehlstellen sind.

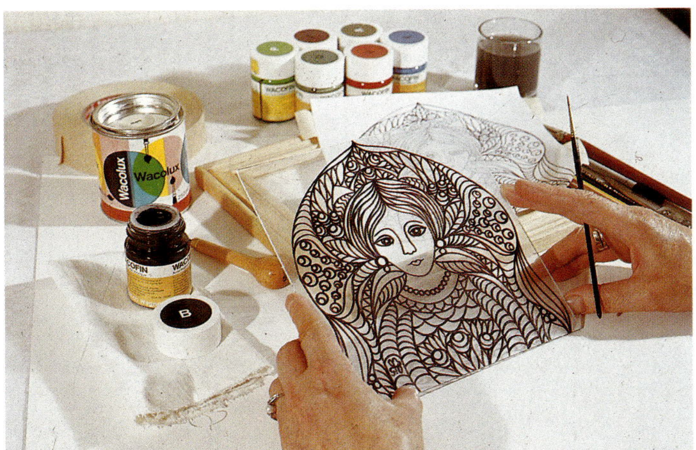

Die Konturen einer Hinterglascollage sollten kräftig sein, damit sie sich deutlich und kontrastreich vom Hintergrund abheben.

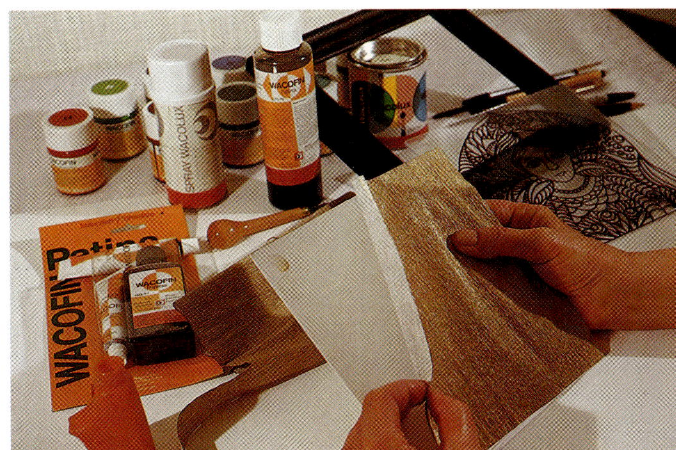

Auf einem Stück Pappe, das in der Größe des Glases zurechtgeschnitten wurde, befestigt man mit einem Klebemittel den Hintergrund, der aus Stoff, Papier oder einer Folie bestehen kann.

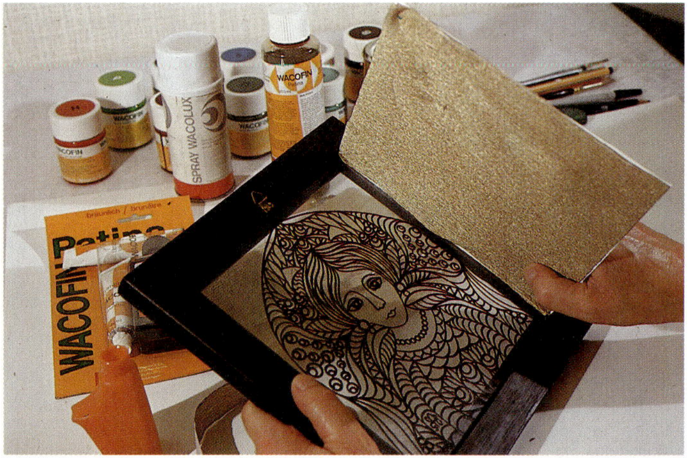

In diesem Fall besteht der Hintergrund aus mattem, geripptem Goldpapier. Man fügt ihn auf das im fertigen Rahmen liegende Bild, wobei die gemalten Konturen nach oben zeigen müssen.

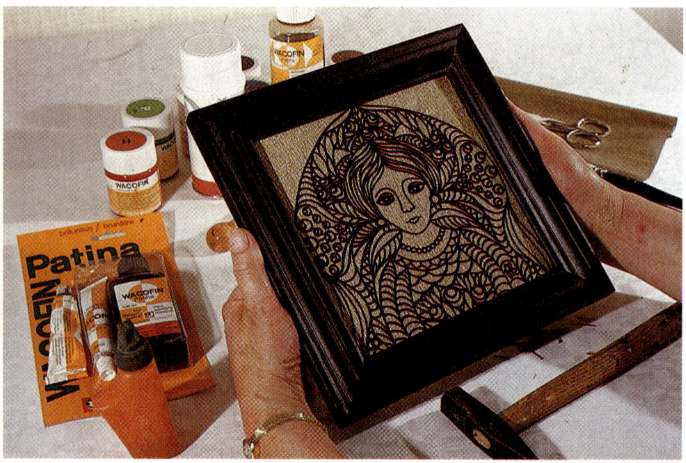

Ein einfarbig schwarz gestrichener Rahmen paßt sich am vorteilhaftesten der dunklen Linienführung des Motivs an.

Während die Konturen an einem staubfreien Platz trocknen, schneidet man Papier, Stoff oder Folie in der Größe der Scheibe zurecht, bestreicht alle vier Seitenkanten auf der Rückseite mit Klebstoff und klebt das Hintergrundmaterial auf ein Stück Pappe, das vorher ebenfalls in Größe der Scheibe zugeschnitten wurde. Diese beklebte Pappe stellt beim nachfolgenden Einrahmen des Bildes zugleich dessen schützende Abdeckung dar.

Abschließend wird die Glasscheibe in einen Rahmen gelegt (siehe auch Kapitel »Rahmen« Seite 40) und der Hintergrund dagegengesetzt – fertig ist die Hinterglascollage.

Schwieriger ist es, wenn nur kleinere Flächen wie beispielsweise Gewänder, Gebäude oder Bäume unterlegt werden sollen. Will man das Unterlegmaterial direkt auf die Rückseite der Glasscheibe kleben, muß man darauf achten, daß man einen Klebstoff benutzt, der weder als unschöner Fleck auf der Vorderseite erscheint, noch die Farben oder Materialien anlöst. Bei der Vielzahl der angebotenen Produkte hilft hier nur Ausprobieren. Einfacher ist es, wenn man das Unterlegmaterial auch auf ein Stück Pappe klebt, das in Größe der Glasscheibe zurechtgeschnitten wurde und später als schützende Rückseite des Bildes dienen kann.

Um sicherzustellen, daß die Hinterlegung nachher auch an der passenden Stelle des Motives erscheint, empfiehlt es sich, den Riß auf die Pappe zu legen und alle in Frage kommenden Motivteile mit Kohlepapier durchzupausen. Dasselbe Verfahren wendet man an, um die Vorlagen für Form und Größe der zu beklebenden Flächen zu erhalten.

Die fertige Hinterglascollage (Abbildung rechts)

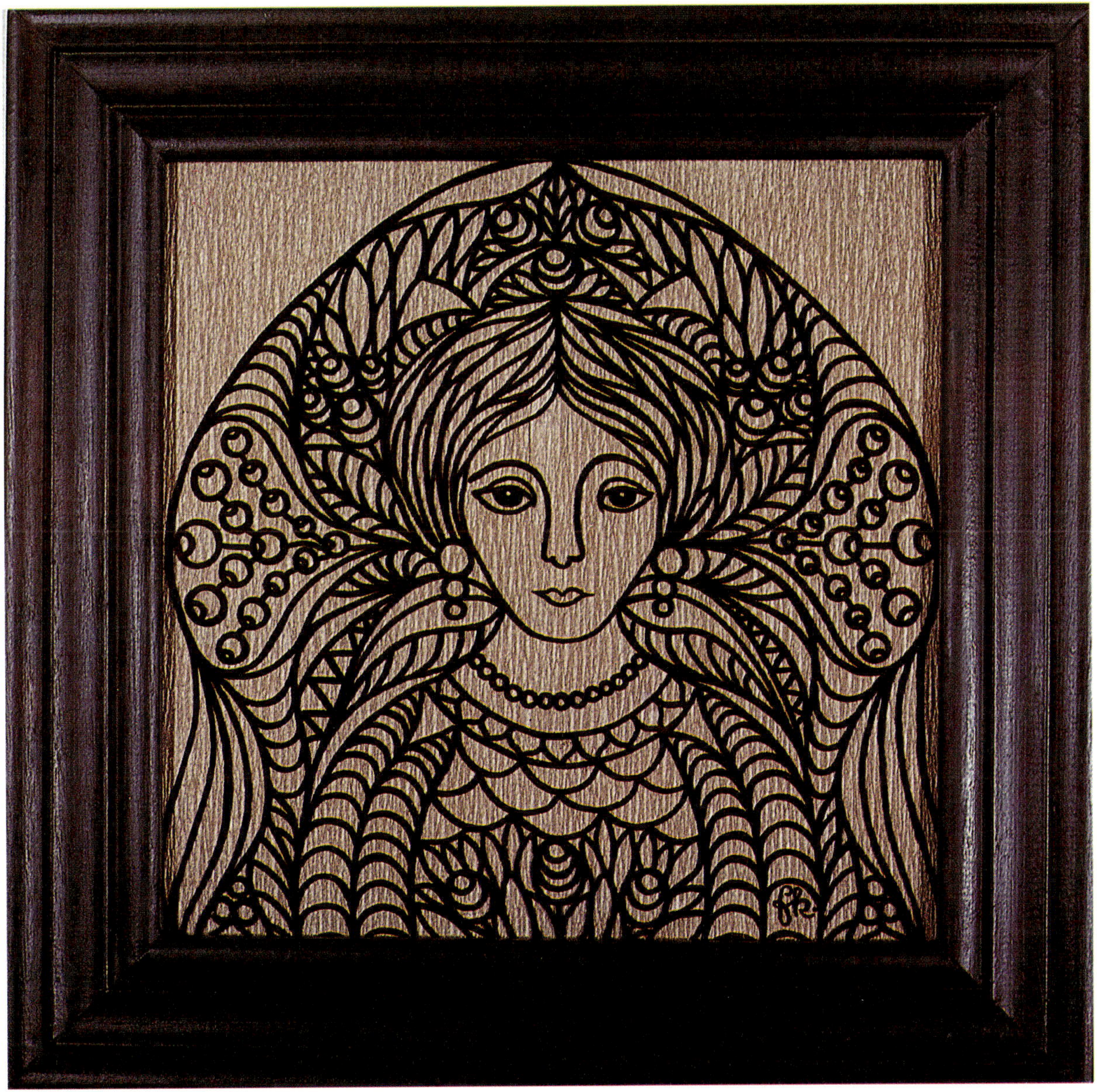

Das Rahmen des Bildes

Vorbereitung von Rahmen

Traditionelle Hinterglasbilder sind zumeist mit breiten und oft nur schwach profilierten Rahmen eingefaßt, die sowohl gebeizt wie auch mit dunkler Farbe angestrichen werden können. Ähnliche Rahmen, die bereits mit schwarzer Mattfarbe versehen sind und nicht weiterbehandelt werden müssen, bieten Bastlergeschäfte in verschiedenen Größen an. In Glaserwerkstätten und Hobbymärkten gibt es Profilleisten in verschiedenen Breiten und Strukturen zu kaufen, die dort teilweise in den gewünschten Größen zugeschnitten werden, und die man mit Leim, Metallstiften und ein wenig Geschick selbst gut haltbar zusammenfügen kann. Auch wenn es etwas Mühe bereitet, sollte man aber nicht auf die Rahmung des eigenen Kunstwerkes verzichten, denn ein in Farben und Stil zum Motiv passender Rahmen steigert die Wirkung des Bildes erheblich.
Zunächst müssen sie mit Pinsel und mit etwas mit Wasser verdünnter, dunkler Acrylfarbe grundiert werden. Da sich durch den Wassergehalt der Farben die Holzfasern leicht anheben, zusammen mit der Farbe antrocknen und danach der Rahmen leicht aufgerauht erscheint, muß er anschließend mit Schmirgelpapier der Körnung Nr. 120 bis 150 glattgeschliffen werden. Erst dann wird ein zweiter Anstrich in einem schwarzen, braunen oder anderen dunklen Ton, der zum Bild paßt, vorgenommen.
Stark stilisierte Darstellungen, typische Motive aus dem Bereich Naiver Malerei und bunte Blumensträuße vor einem dunklen oder goldfarbenen Hintergrund wirken in hellgrauen oder beigefarbenen Rahmen besonders effektvoll. Da diese zartfarbenen Töne sich oft nur ungenügend von einer weißen Wand abheben, kann man Kanten oder Rillen mit einer kontrastierenden und sich im Motiv wiederholenden Farbe zusätzlich verzieren. Mit hellen Verzierungen kann man die Einförmigkeit einheitlich dunkler Rahmen unterbrechen.
Will man dem Rahmen den Eindruck jahrzehntelanger Abnutzung geben, kann man mit feinem Schmirgelpapier an Kanten und Profilen vorsichtig so lange Farbe abschleifen, bis stellenweise der natürliche Ton des Holzes sichtbar erscheint. Eine ähnliche Wirkung läßt sich erreichen, wenn man die Leisten zunächst mit Rot grundiert und als zweiten Anstrich Schwarz verwendet. Durch Auswischen der noch nassen, dunklen Farbe mit einem flusenfreien Baumwolltuch kommen nur stellenweise rote Töne zum Vorschein, so daß an den hervorstehenden Kanten eine unregelmäßige Zweifarbigkeit entsteht.
Vielfach weisen Holzleisten ein Profil auf, bei dem sich zwischen zwei erhabenen Wülsten eine verhältnismäßig breite, vertiefte Fläche be-

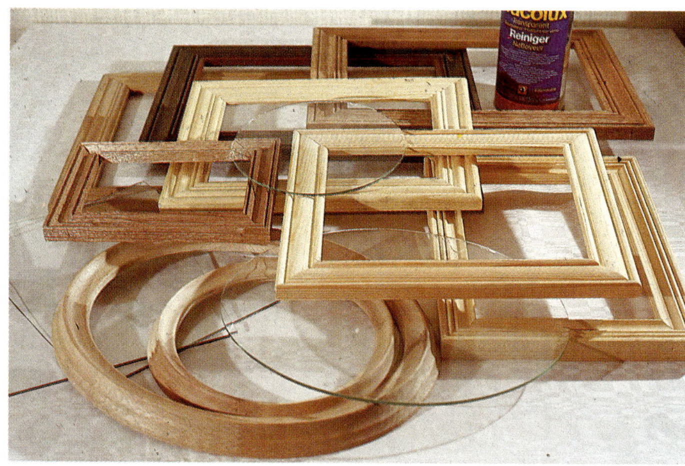

Hinterglasbilder sind zumeist mit breiten und oft nur flach profilierten Rahmen eingefaßt. Schwere Goldrahmen passen nur selten zu diesem Malstil.

findet. Diese Fläche kann gut durch verschiedenfarbige Stupfer, Dreher oder Marmorierung geschmückt werden, wie auch die Abbildung zeigt. Auch Schnörkel sowie stilisierte Blumen- und Blätterranken wirken dann sehr dekorativ, wenn sie in ihrer Farbigkeit nicht allzu stark dominieren, das heißt, die Gesamtwirkung des Bildes nicht beeinträchtigen.

Der bemalte Rahmen wird mehrere Stunden zum Trocknen beiseite gelegt. Danach kann mit einem farblosen und mattglänzenden Kunstharzlack ein dünner und gleichmäßiger Schutzanstrich aufgetragen werden. Um Tropfenbildung zu vermeiden, legt man den Rahmen anschließend waagrecht an einem staubfreien Platz zum Trocknen beiseite.

Hellgetönte, strukturierte oder mit Ornamenten versehene Rahmen gewinnen an Attraktivität, wenn sie statt mit Kunstharzlack mit einem einen Alterungsprozeß vortäuschenden Auftrag von Patina geschützt werden. Am zweckmäßigsten wird die Patina (braune Ölfarbe) mit einem mittelgroßen Borstenpinsel aufgestrichen, weil auf diese Weise am sichersten alle Rillen zu erreichen sind. Mit einem trockenen, flusenfreien Tuch wischt man anschließend solange Farbe weg, bis der Grad an Helligkeit erreicht ist, der für das Bild am vorteilhaftesten erscheint. Da in den Vertiefungen größere Mengen Patina verbleiben, als an den erhabenen Kanten, ergeben sich sanft ineinander übergehende Brauntöne. Ein so behandelter Rahmen muß allerdings etwa 2 Wochen trocknen.

Rahmen aus Hölzern mit besonders schöner Maserung können mit einer lasierenden Beize überstrichen werden. Man bekommt diese Holzbeiz-Lasur in vielen verschiedenen Tönen in Bastlergeschäften zu kaufen, und ihre Anwendung ist einfach und problemlos. Damit die natürlich gewachsene Struktur des Holzes gut sichtbar bleibt, genügt ein einmaliger dünner Auftrag mit einem mittelgroßen Borstenpinsel. Unregelmäßigkeiten können, wenn nötig, durch einen zweiten Anstrich korrigiert werden. Ein mit Holzbeiz-Lasur gestrichener Rahmen bedarf keiner weiteren Behandlung, da die Lasur das Hoz nicht nur tönt, sondern gleichzeitig auch schützt.

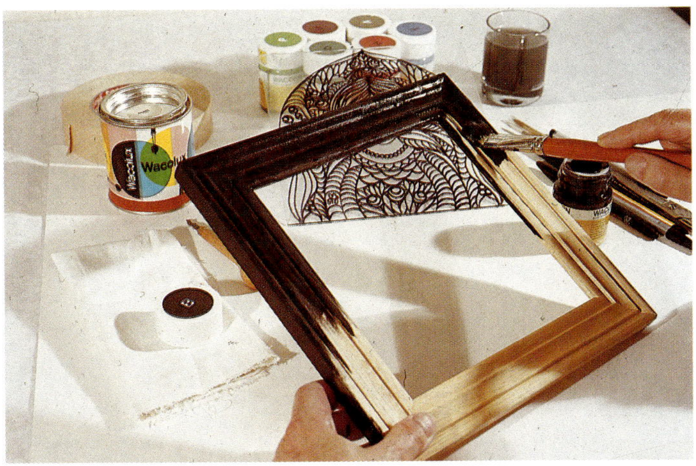

Rahmen kann man selbst mit einer Holzbeizlasur versehen oder mit Acrylfarbe in passenden Tönen streichen.

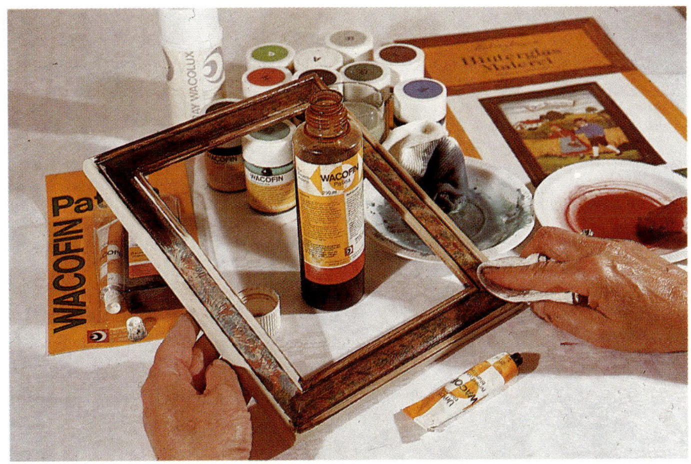

Je nach Motiv sehen auch helle, bunt gestupfte oder farblich passend abgesetzte Rahmen sehr vorteilhaft aus. Man kann sie zusätzlich patinieren, um einen Alterungseffekt vorzutäuschen.

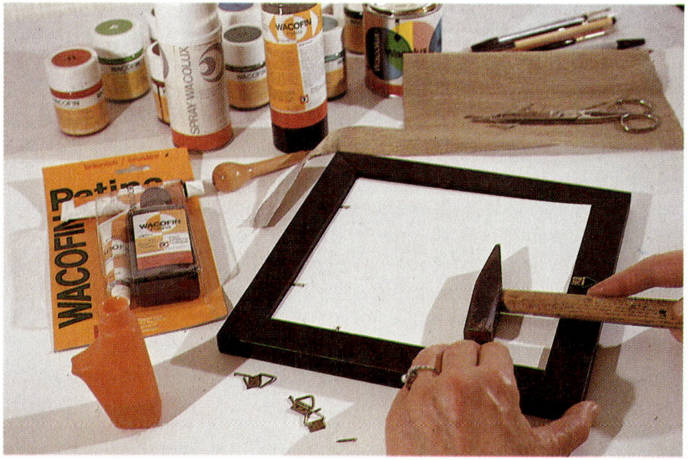

Das Bild wird in den Rahmen gelegt, mit einem passenden Stück Pappe abgedeckt und dann vorsichtig mit Metallstiften befestigt.

Fertigstellung des Bildes

Nachdem alle gestalterischen Arbeiten erledigt und die letzten Farb- und Lackaufträge auf dem Rahmen gut durchgetrocknet sind, kann endlich an das Ineinanderfügen von Bild und Rahmen gedacht werden. Zunächst muß ein nicht zu dünnes Stück Pappe in der Größe der Scheibe zugeschnitten werden. (Es genügt hierfür die Stärke der Rückseite eines Zeichenblocks oder eines alten Kalenders.) Nach der gründlichen Entfernung aller Fingerabdrücke oder Farbspuren auf der Vorderseite des Glases, wird nun das Bild in den Rahmen gelegt, mit Pappe abgedeckt und durch dünne, waagrecht eingeschlagene Nägel oder Metallecken befestigt. Mit einer Messingöse versehen kann das Bild schließlich seinen endgültigen Platz an der Wand erhalten.

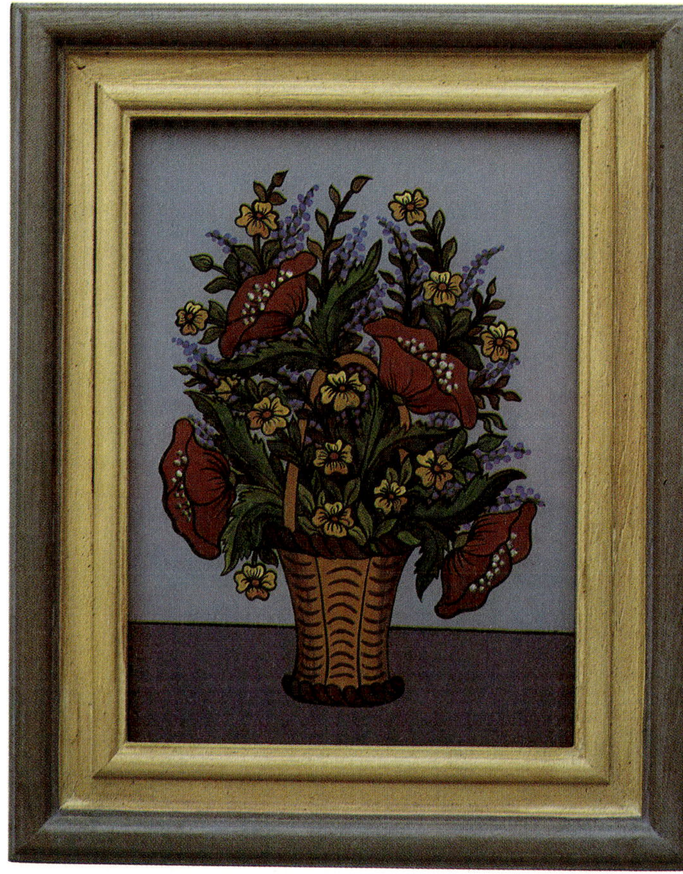

Die Farben des Rahmens wurden passend zu den Tönen des Blumenmotivs gewählt.

Für Hinterglasbilder werden oft Motive gewählt, die der Stilrichtung »Naive Malerei« zuzuordnen sind (Abbildung rechts).

Eine kleine Motivsammlung

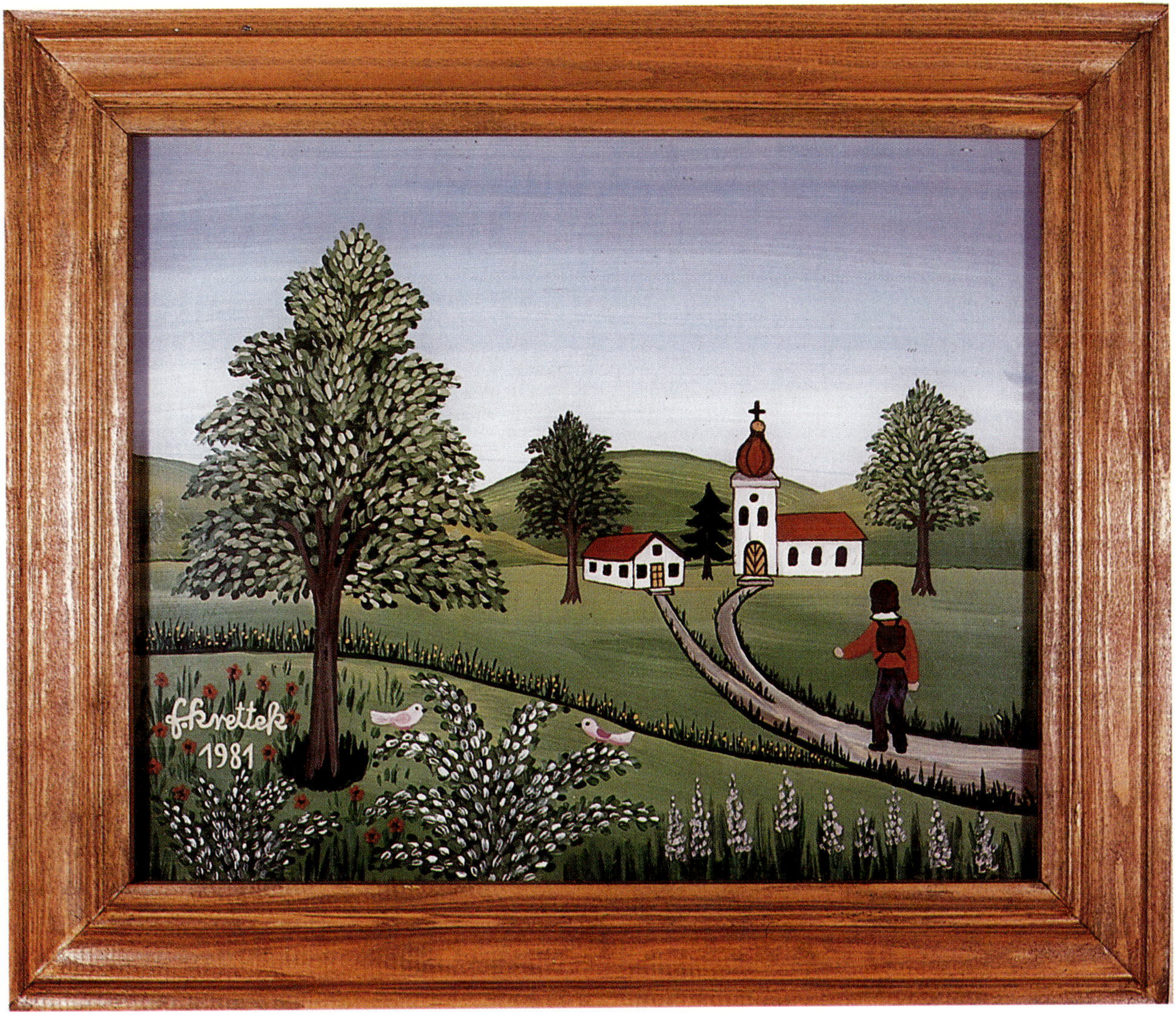

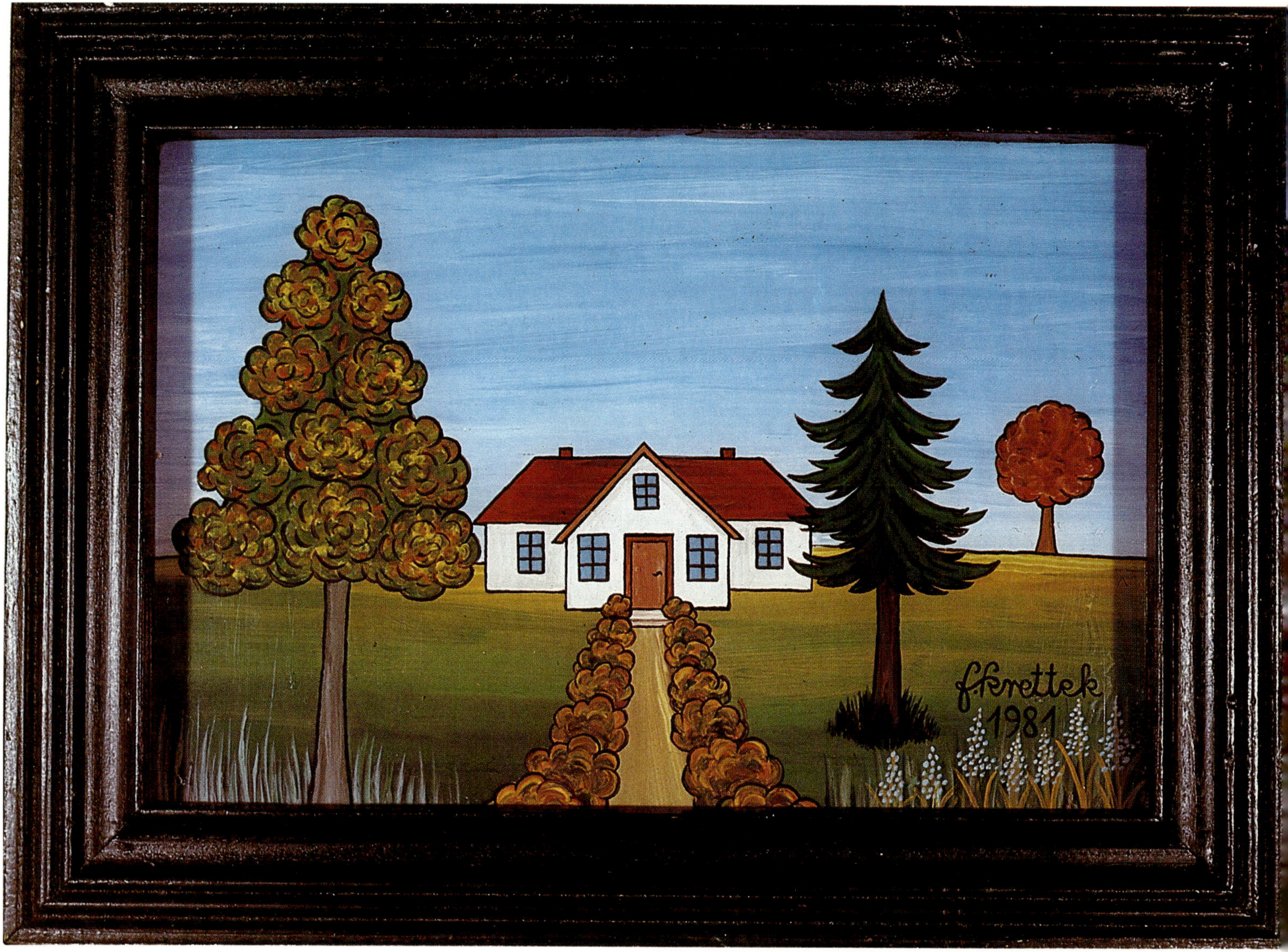
f.krettek
1981

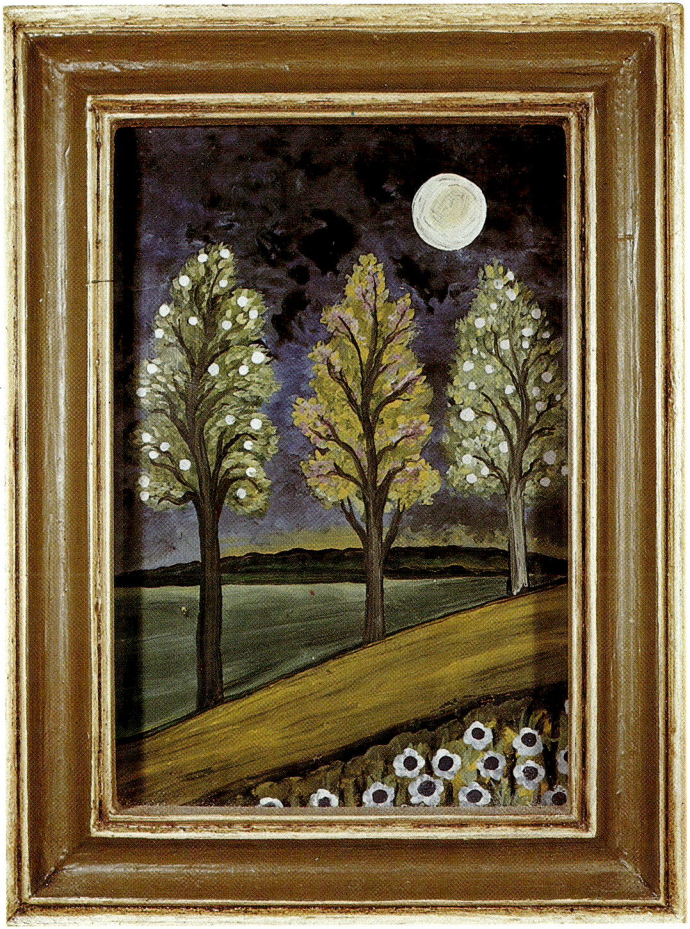

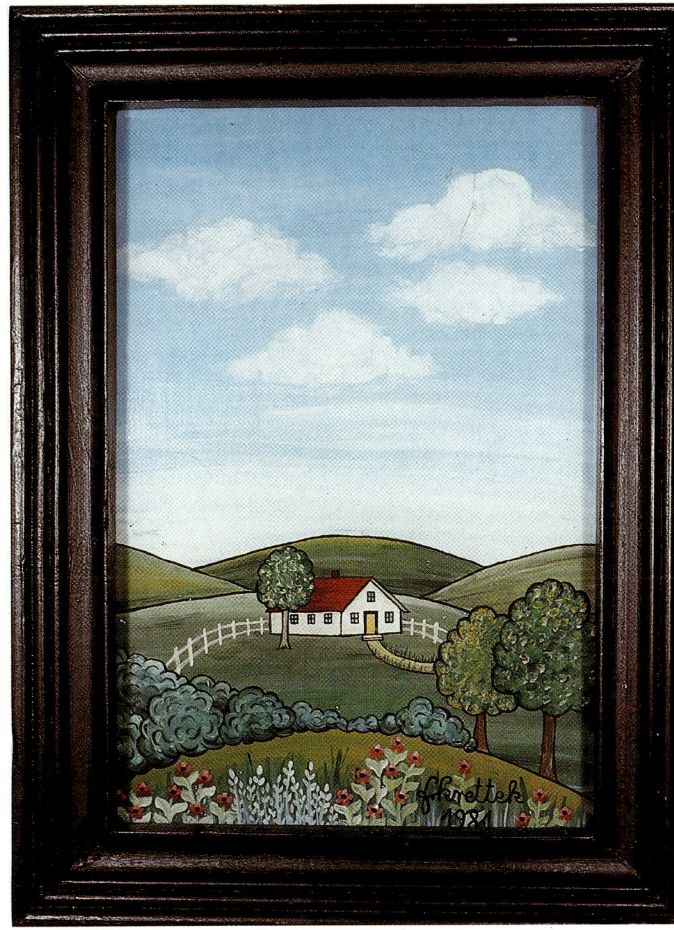

Schnell und einfach zu malende Motive in Postkartengröße

Um diese Wiese mit Haus und Bäumen nachzumalen, braucht man kein großes malerisches Geschick (Abbildung links).

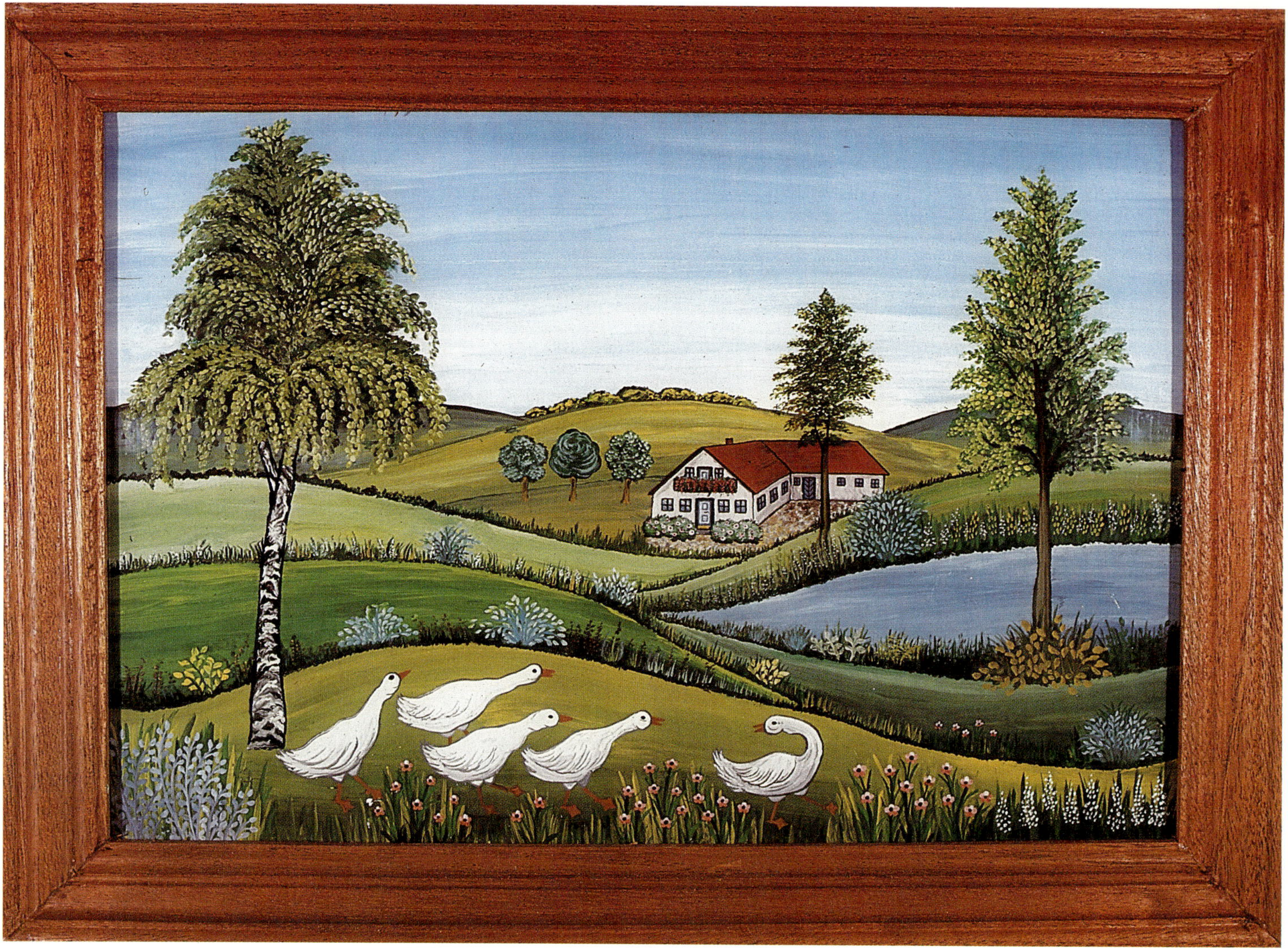

Tiere vermögen eine Landschaft wesentlich zu beleben.

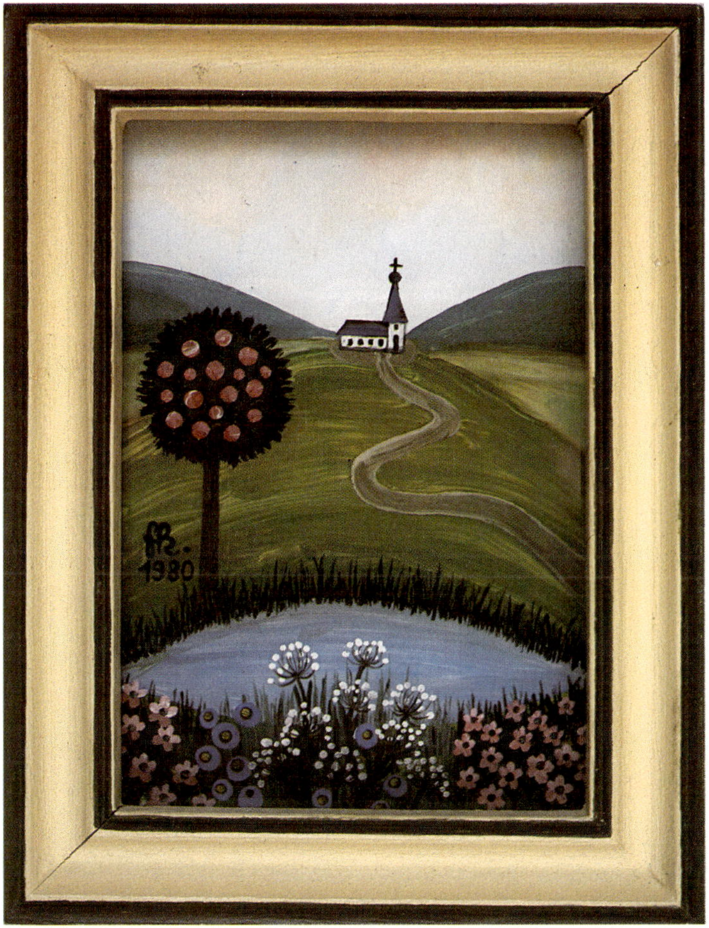

Ein paar Hügel und eine kleine Kirche dienen hier als wesentlichste Motivpartien.

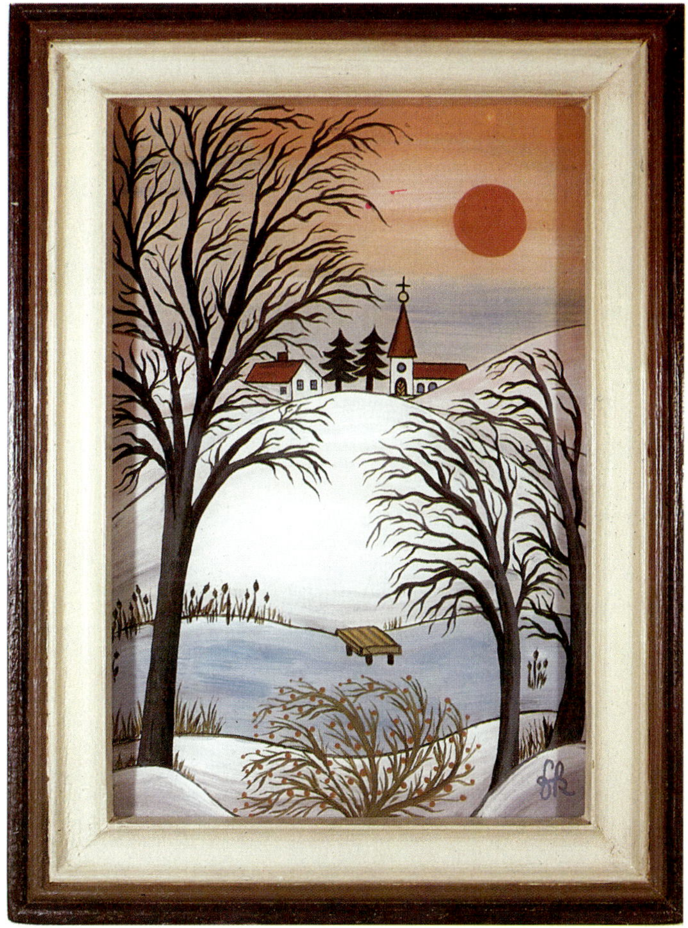

Die nur wenig abgeänderte Landschaft zeigt zur Winterszeit ein völlig anderes Gesicht.

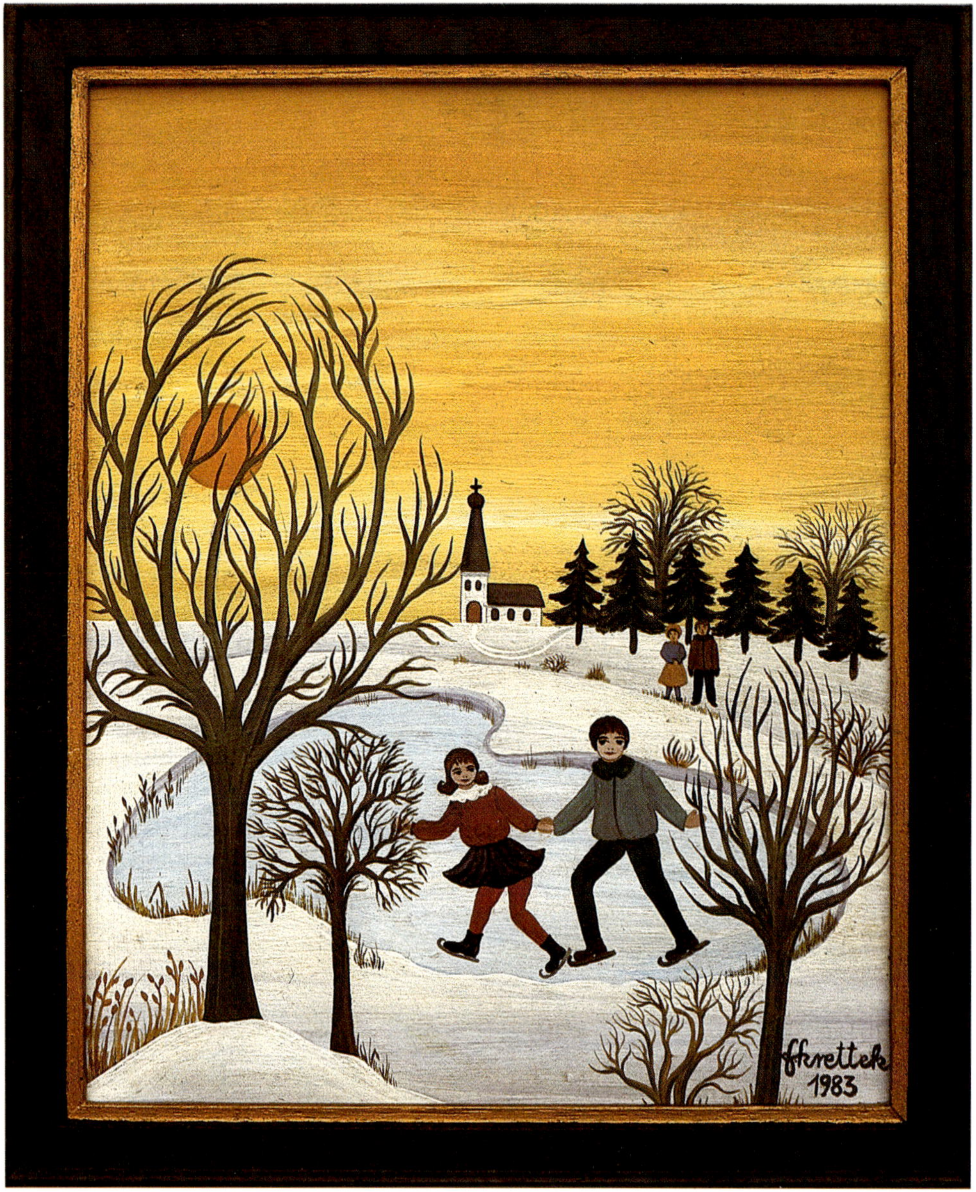

Bei diesem kleinen Winterbild wurde ganz auf Konturen verzichtet (Abbildung links).

Schwarze Konturen würden in einer Winterlandschaft zu hart und kontrastreich wirken. Es ist daher ratsam, sie in dunkelgrauer Farbe auszuführen (Abbildung rechts).

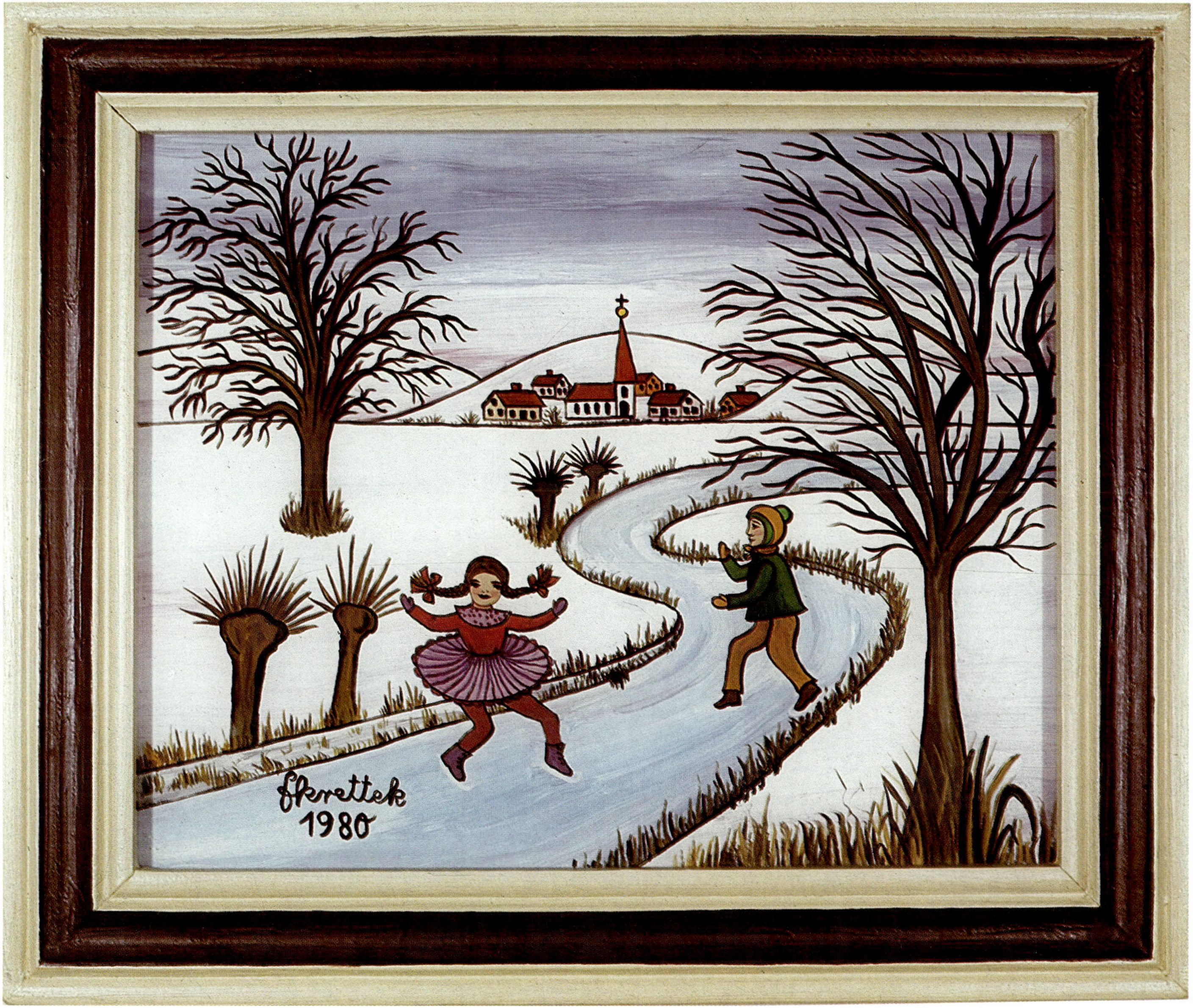

fkrettek
1980

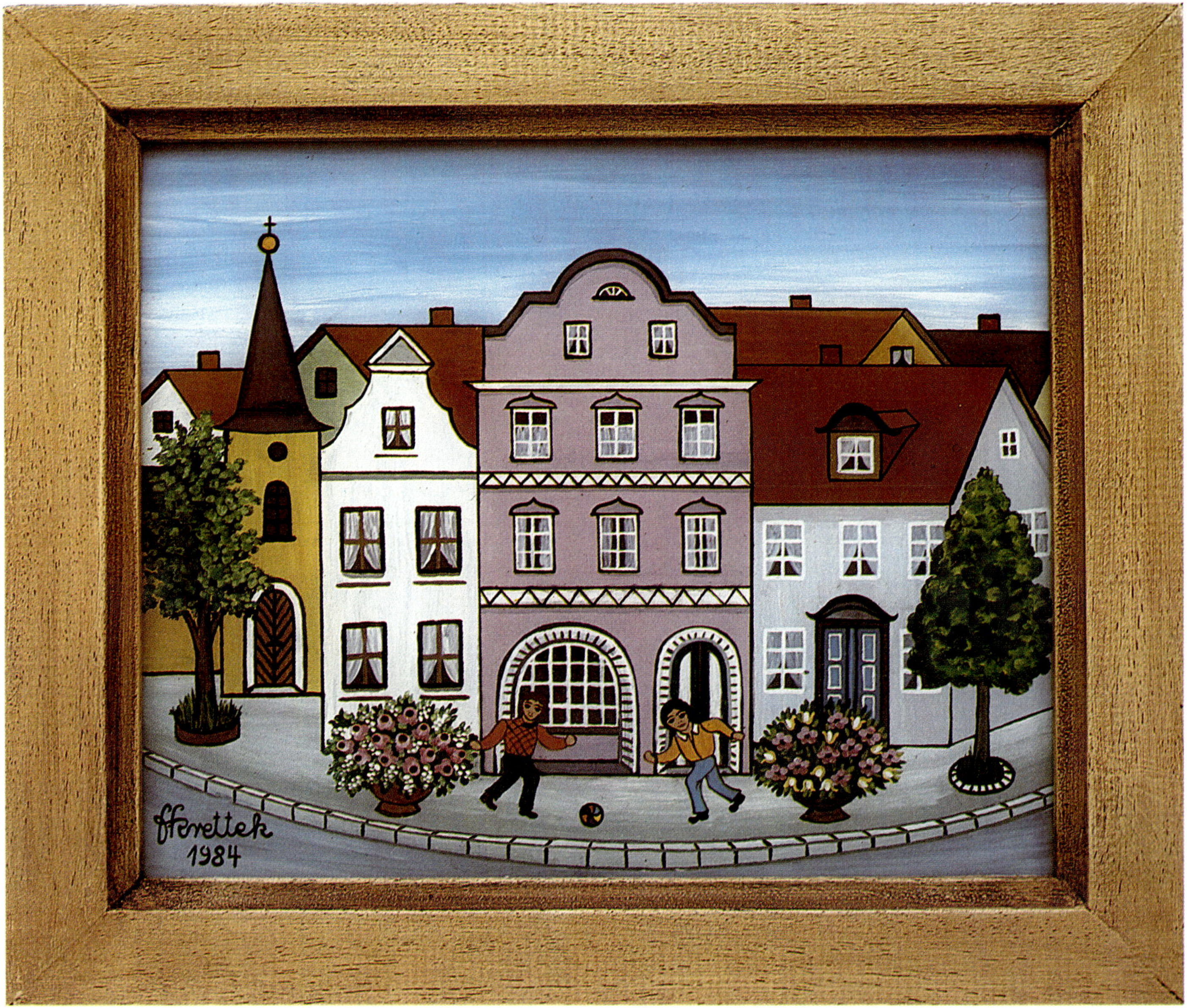
Kretek
1984

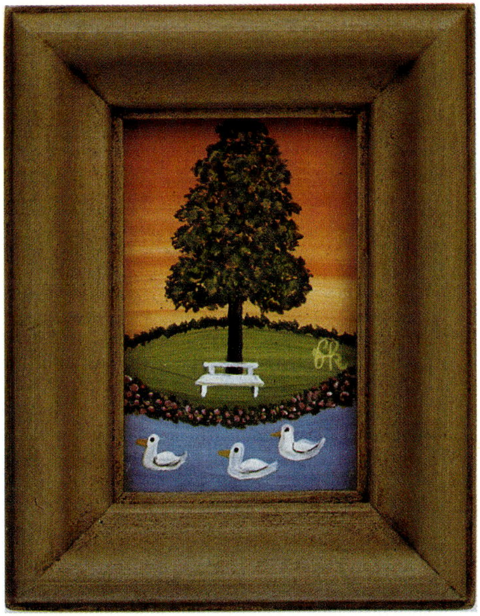

Die Originalgröße dieses Bildes beträgt nur 4 x 6 cm.

Die Gräser und das Blattwerk sind hier so dünn und zart gemalt, daß sie unbedingt vor dem Auftrag der Hintergrundfarben mit Kunstharzlack fixiert werden müssen (Abbildung rechts).

Vor dem Ausmalen dieses Motivs müssen alle Konturen mit einem Kunstharzlack überstrichen oder übersprüht und so gefestigt werden (Abbildung links).

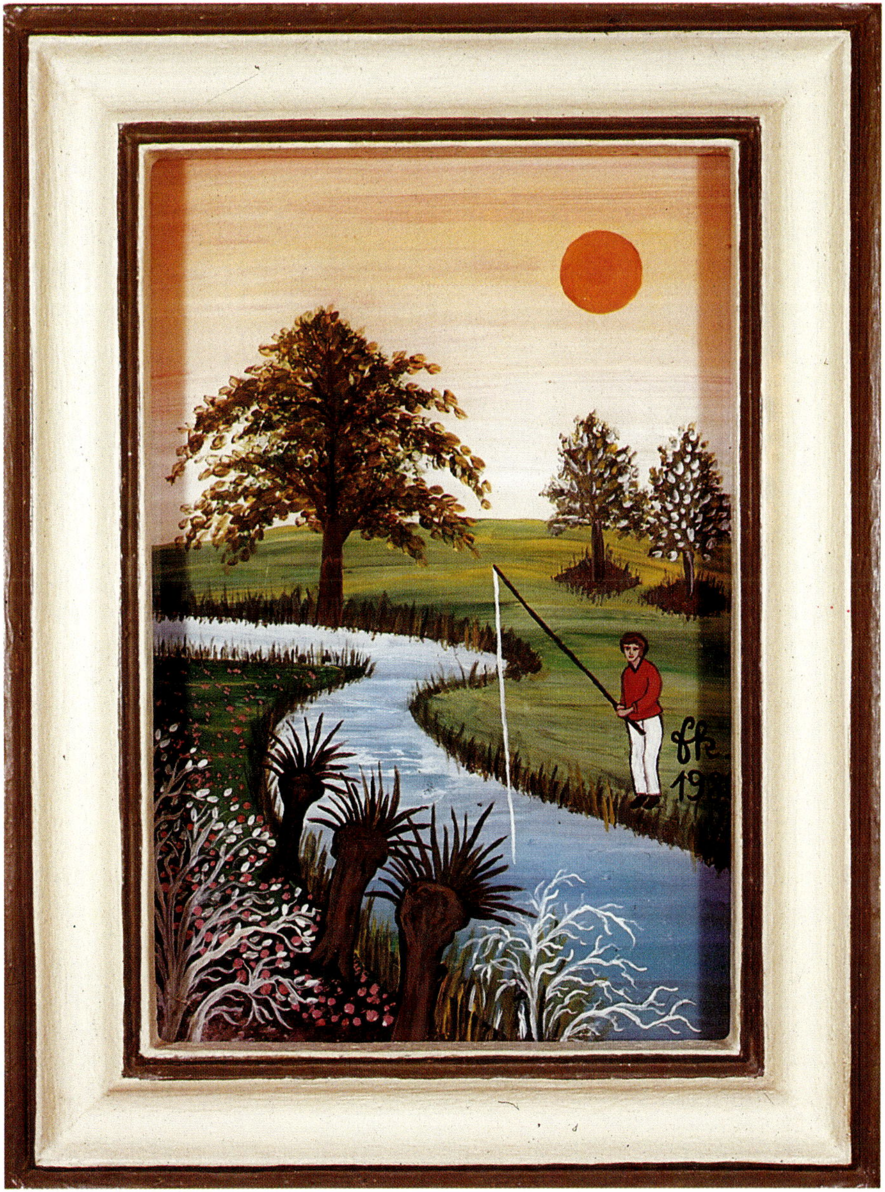

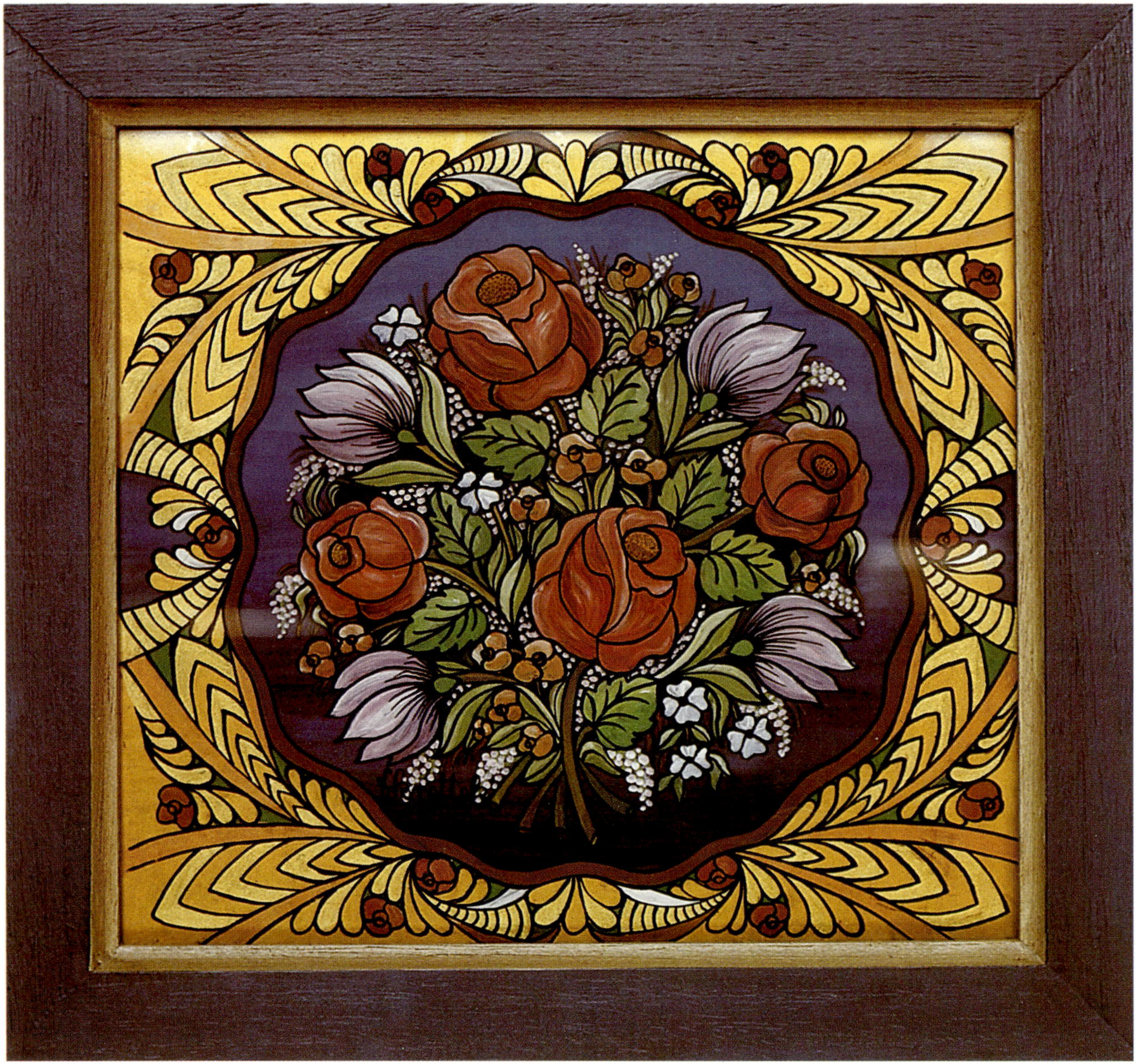

Mit heller und dunkler Goldbronze wurde die Kartusche, die den Mittelteil des Bildes umgibt, abwechslungsreich gegliedert.

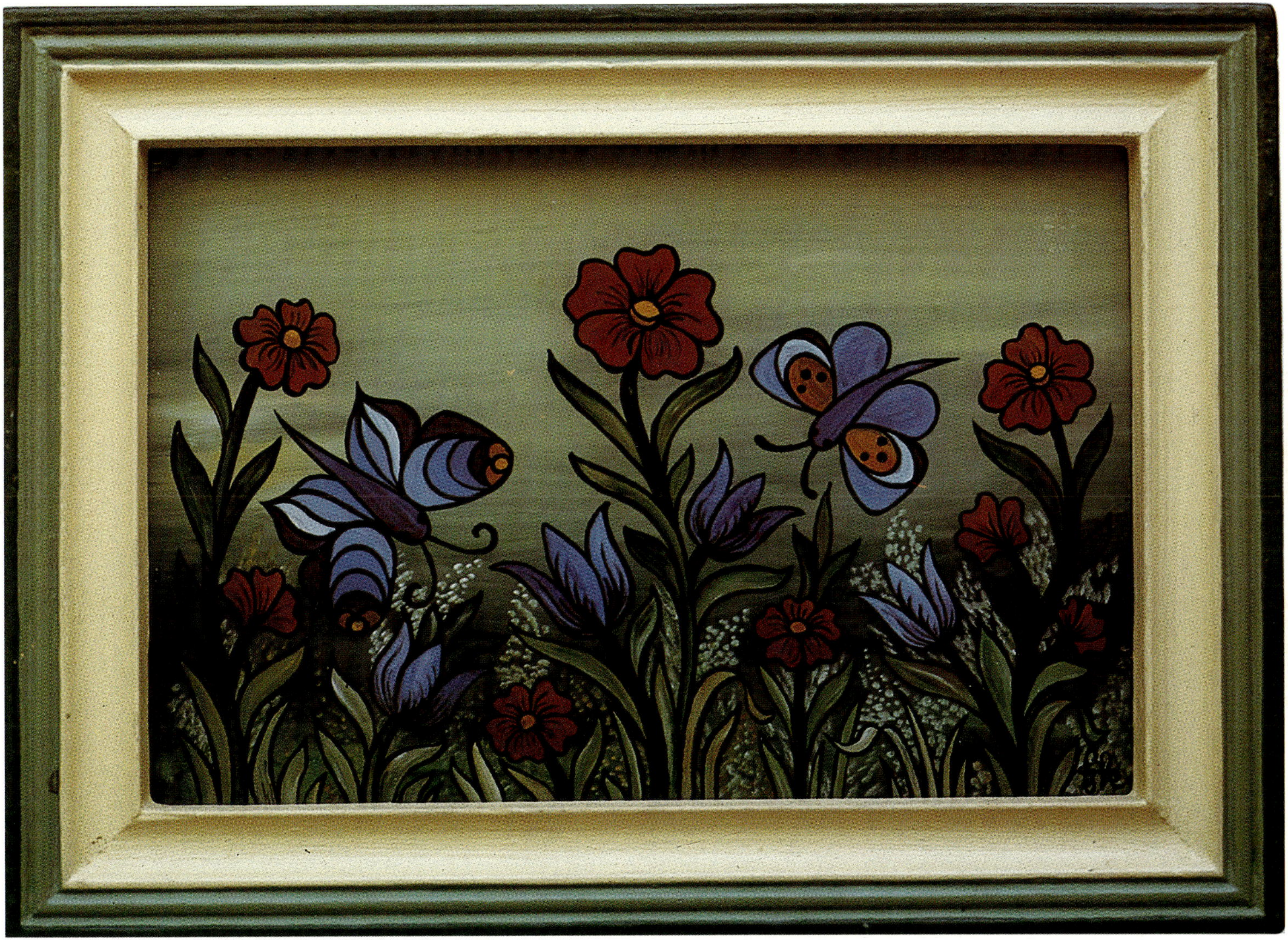

Dieses Wiesenbild ist so klar und übersichtlich gegliedert, daß es bereits von Kindern gemalt werden kann.

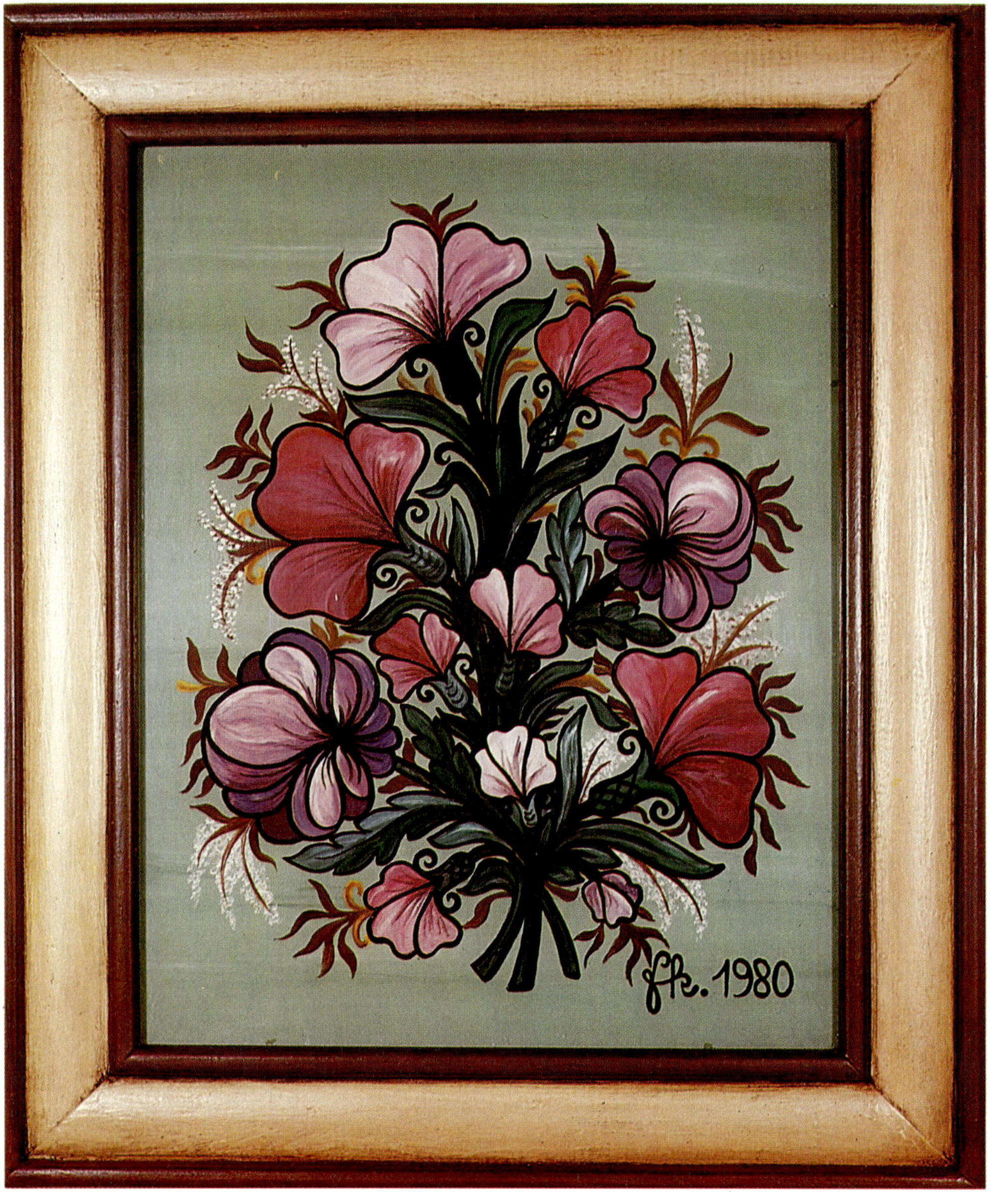

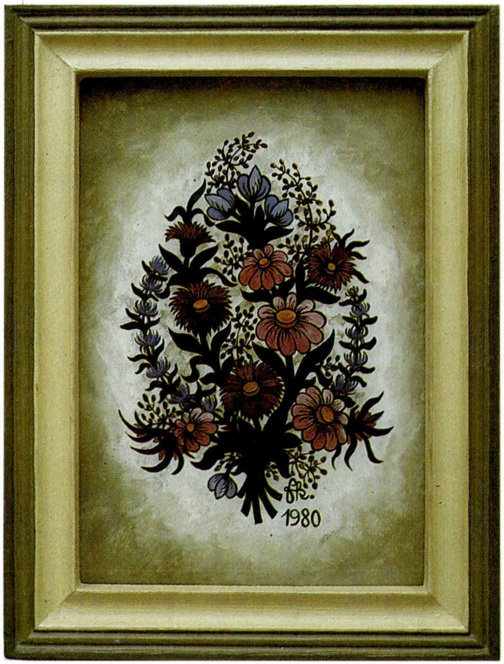

Blumenarrangements, auf den persönlichen Geschmack abgestimmt, passen sich jedem Wohnstil an.

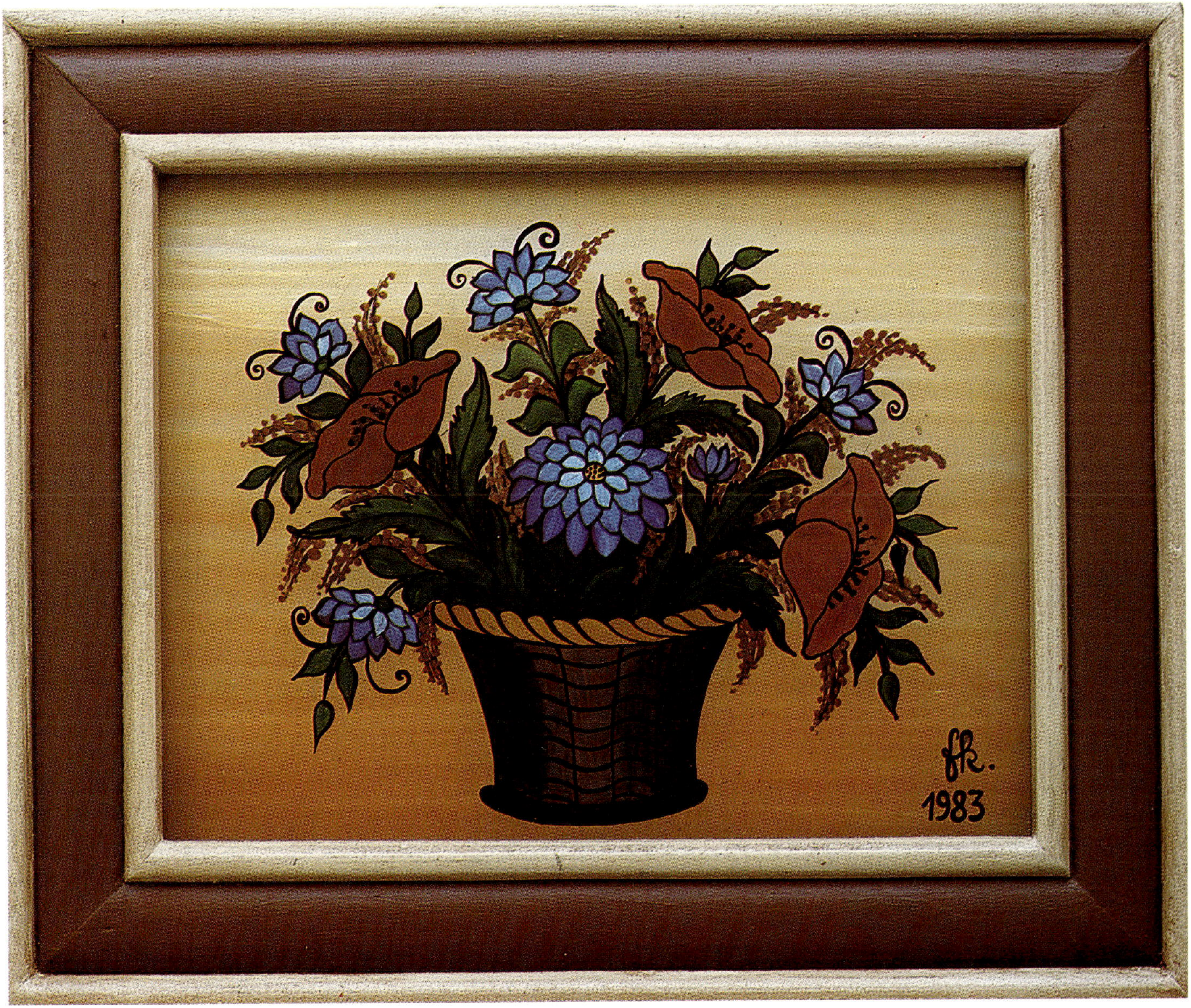
fK.
1983

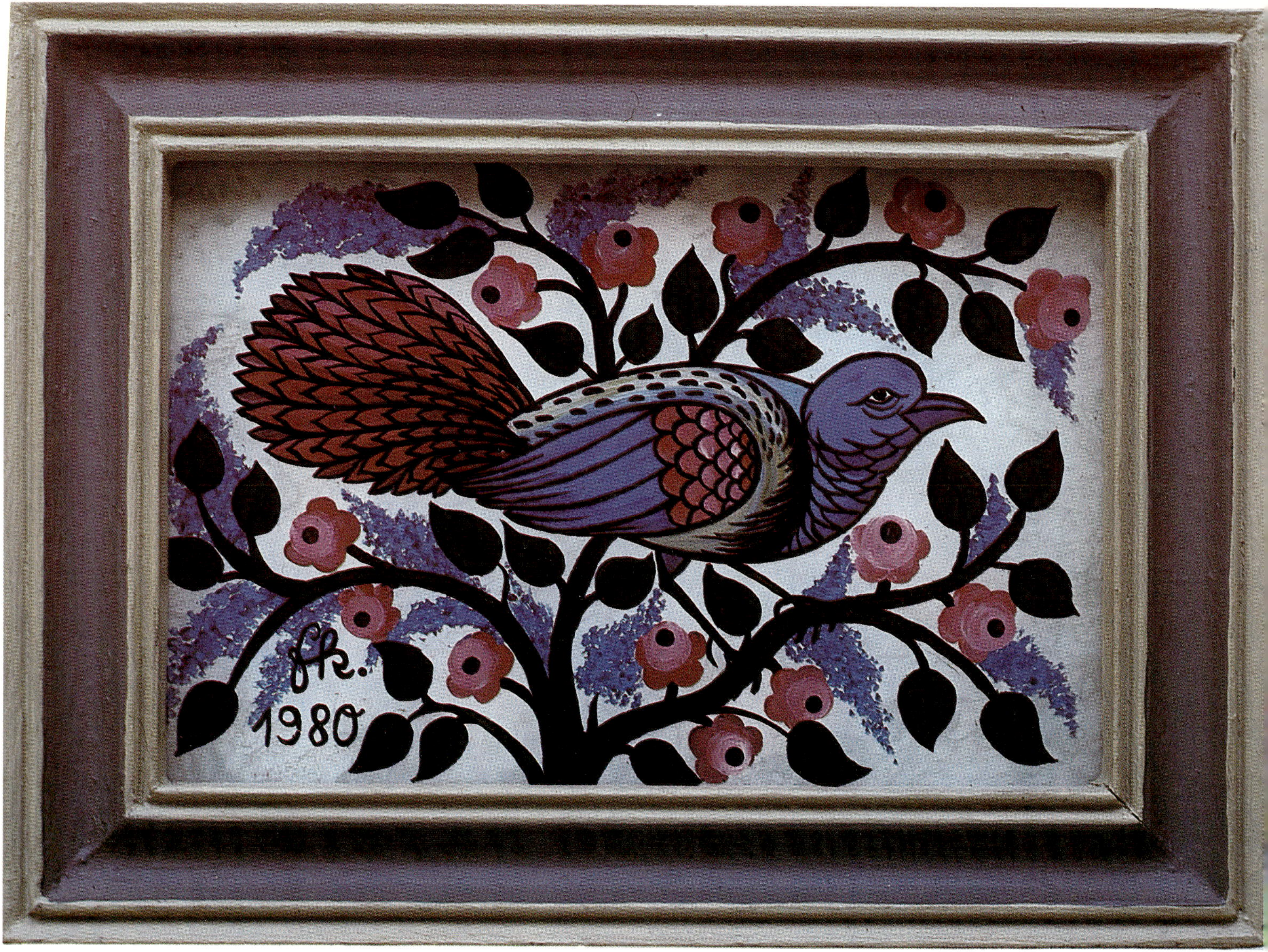
fk.
1980

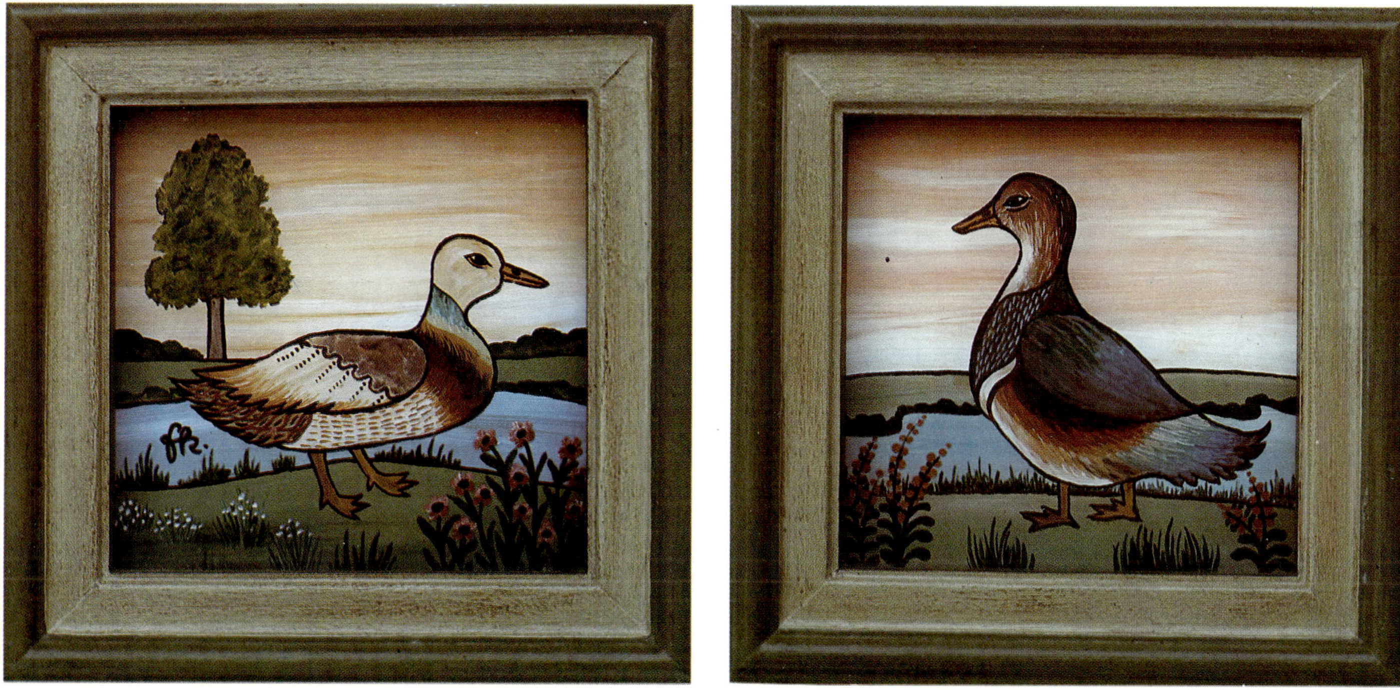

Ente und Erpel nebeneinander gehängt, bilden eine harmonische Einheit.

Man muß nicht immer naturgetreue Farben verwenden und darf gerade bei stilisierten Motiven der Phantasie freien Lauf lassen (Abbildung links).

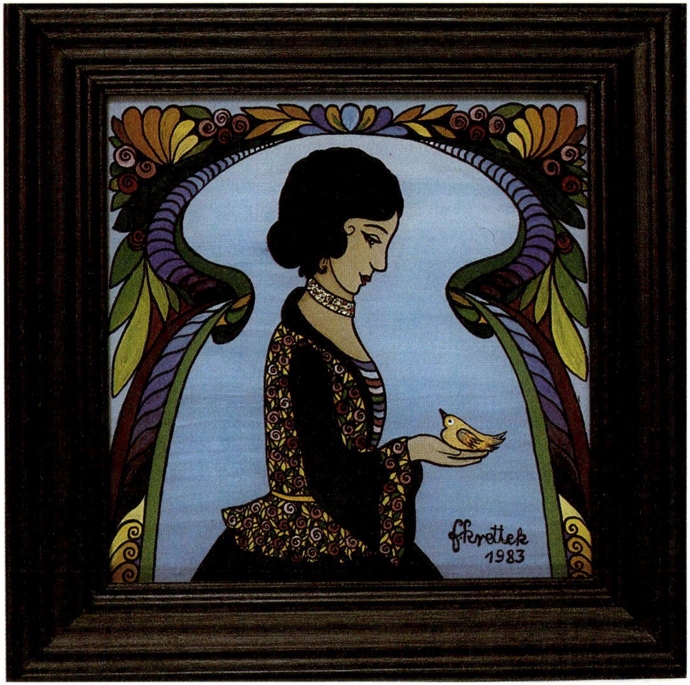

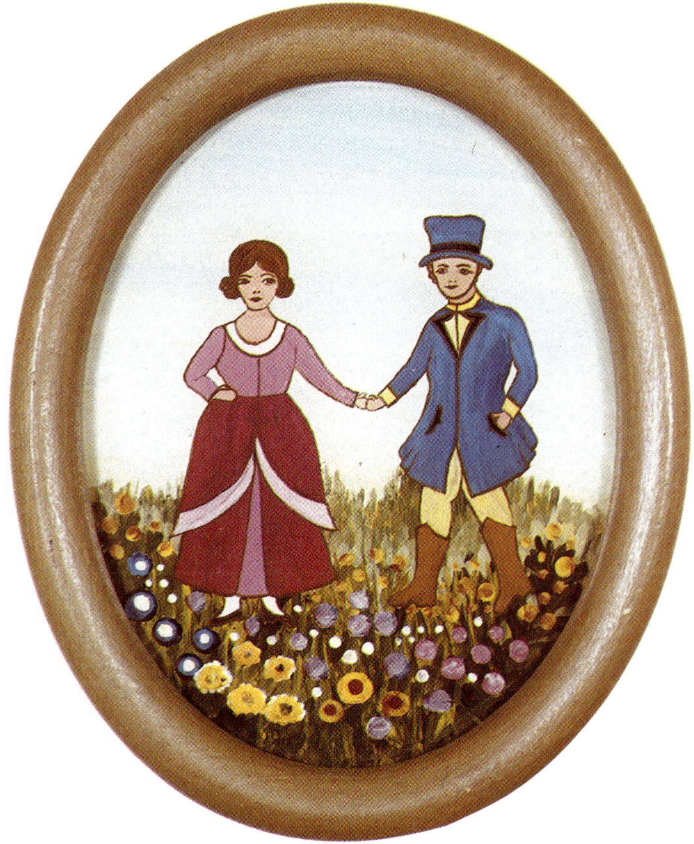

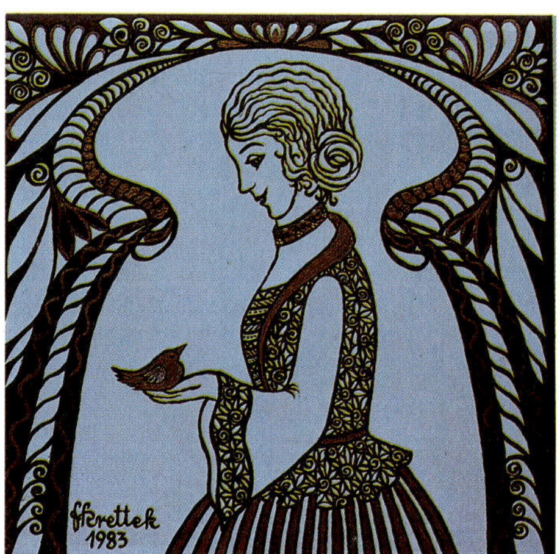

Bei dieser nur 8 x 10,5 cm großen Darstellung wurden Augen, Mund und Nase bereits vor dem Ausmalen des Gesichts mit Hautfarbe durch Kunstharzspray geschützt.

Stilisierte Motive wirken vorwiegend durch eine reich gegliederte und harmonische Linienführung der Konturen (Abbildung links oben).

Gleiche Vorlagen kann man in verschiedenen Farben gestalten oder, wie hier, als Hinterglascollage verwenden (Abbildung links unten).

Mustervorlagen

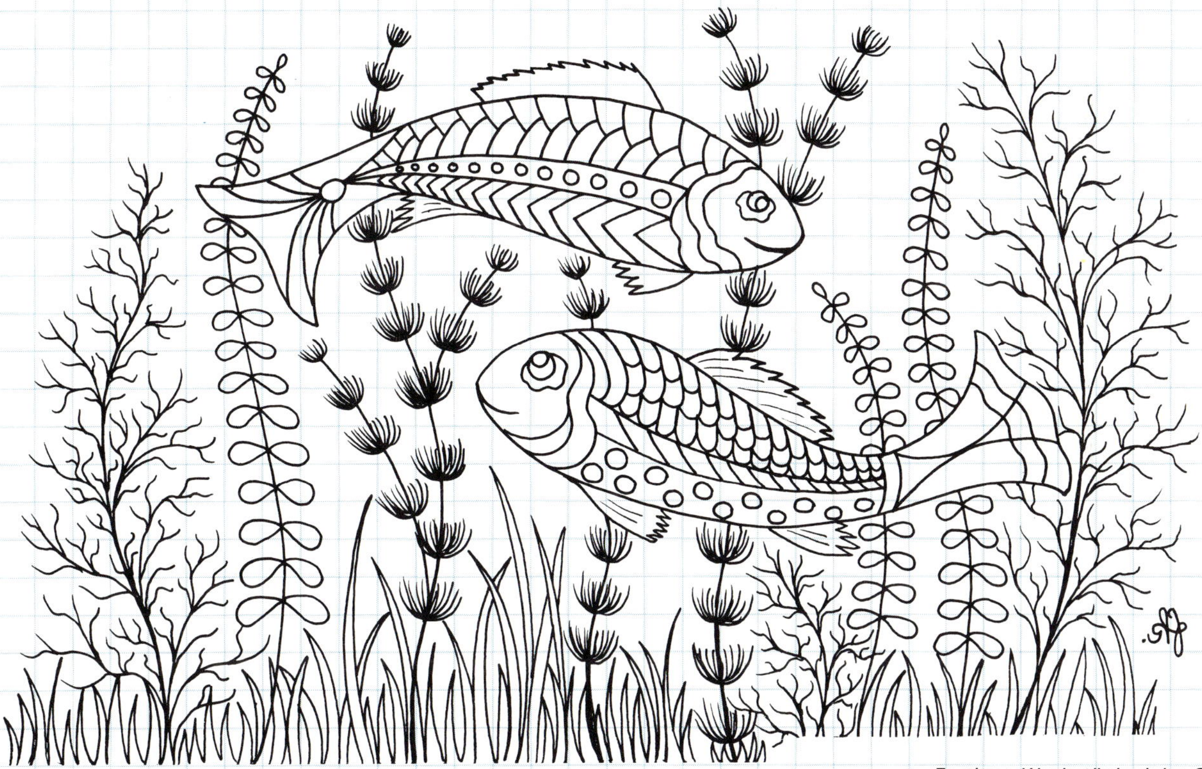

Fertiges Werkstück siehe Seite 19

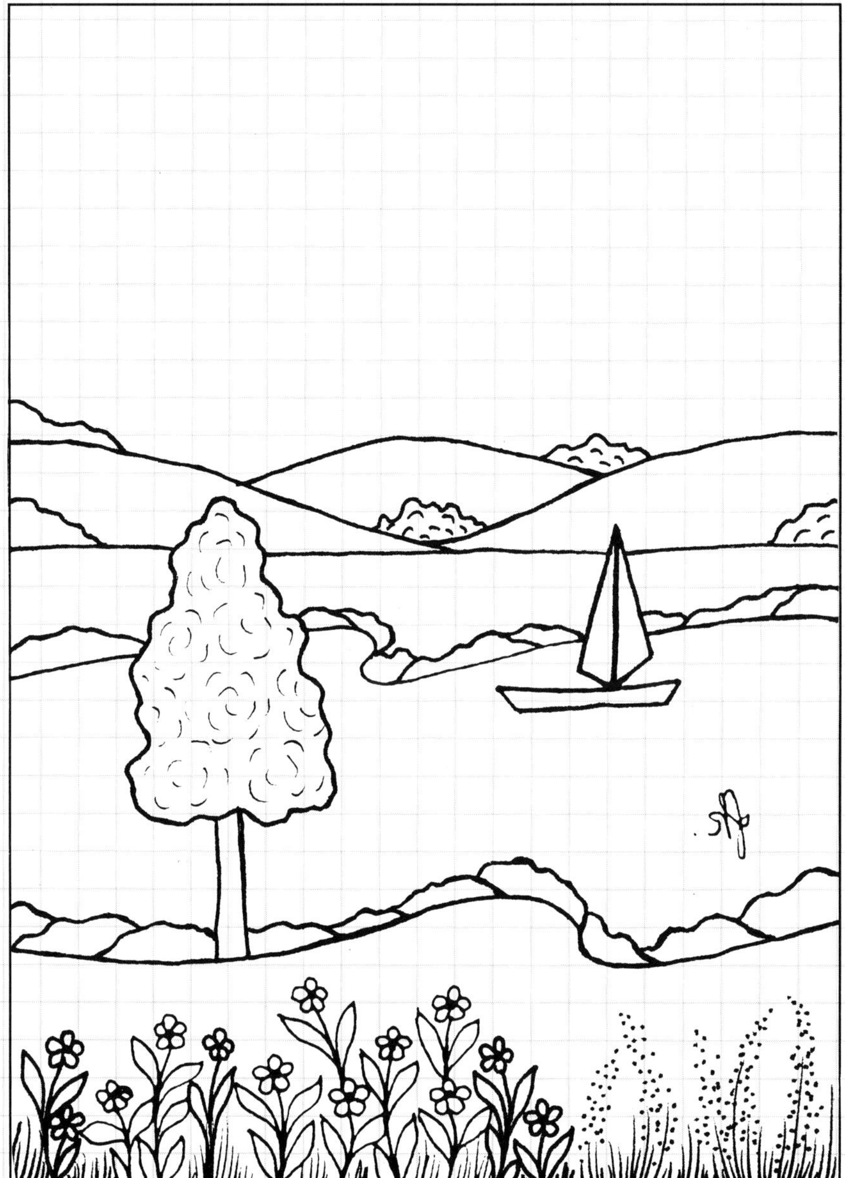

Fertiges Werkstück
siehe Seite 23

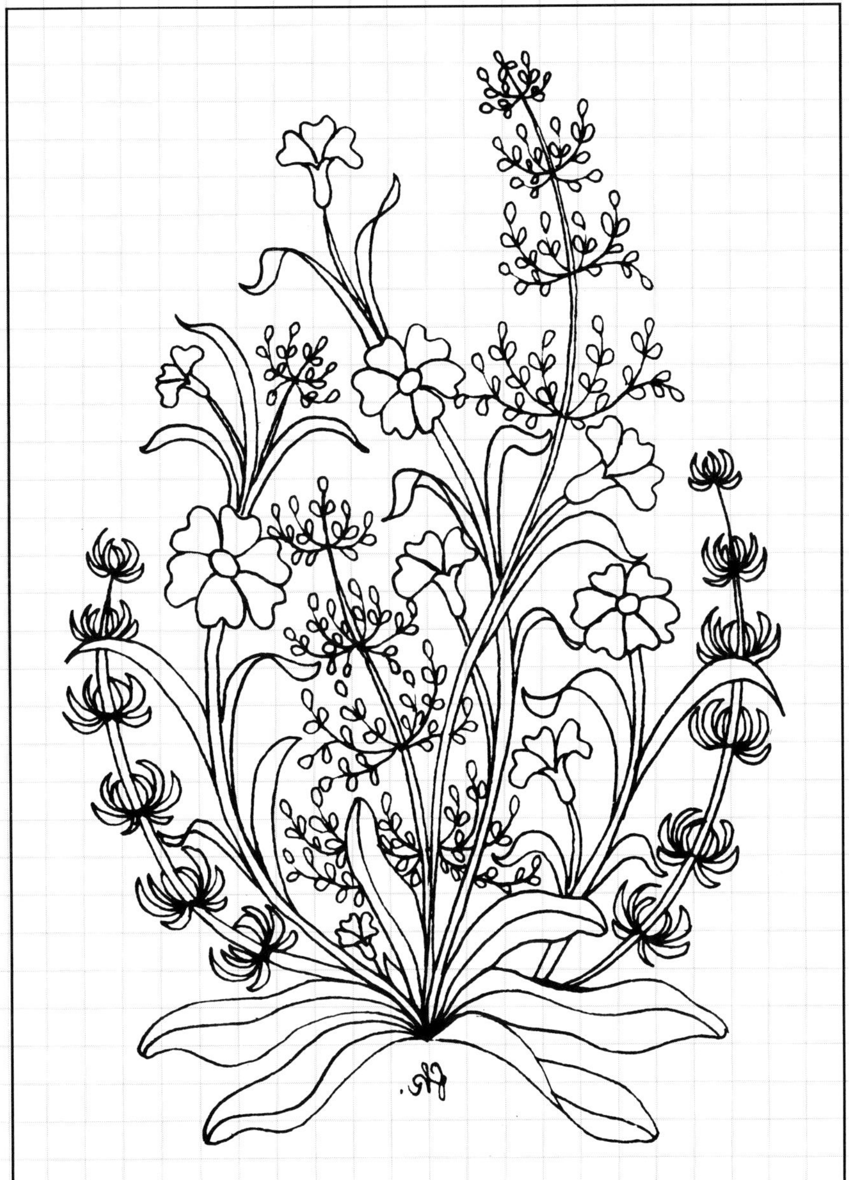

Fertiges Werkstück
siehe Seite 24

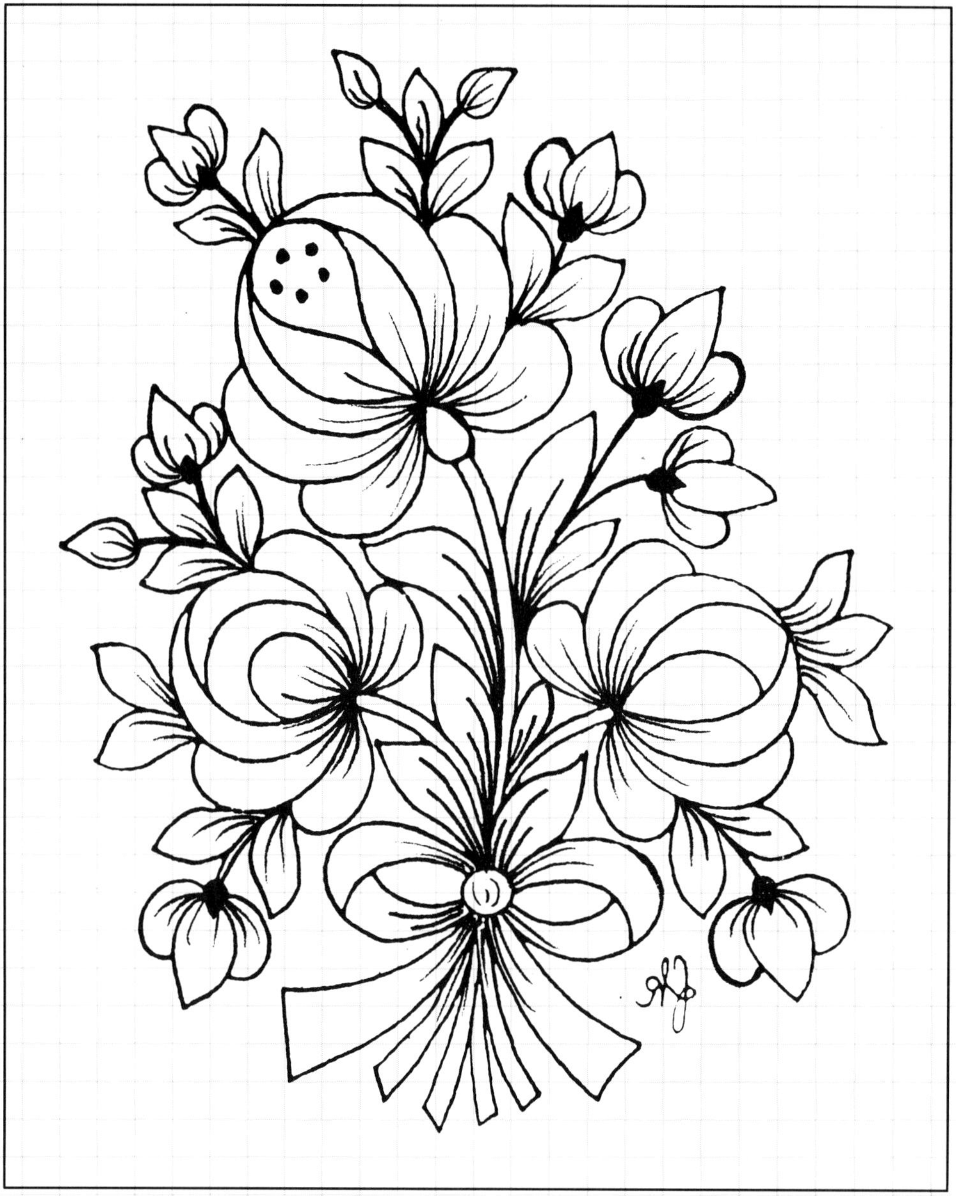

Fertiges Werkstück
siehe Seite 25

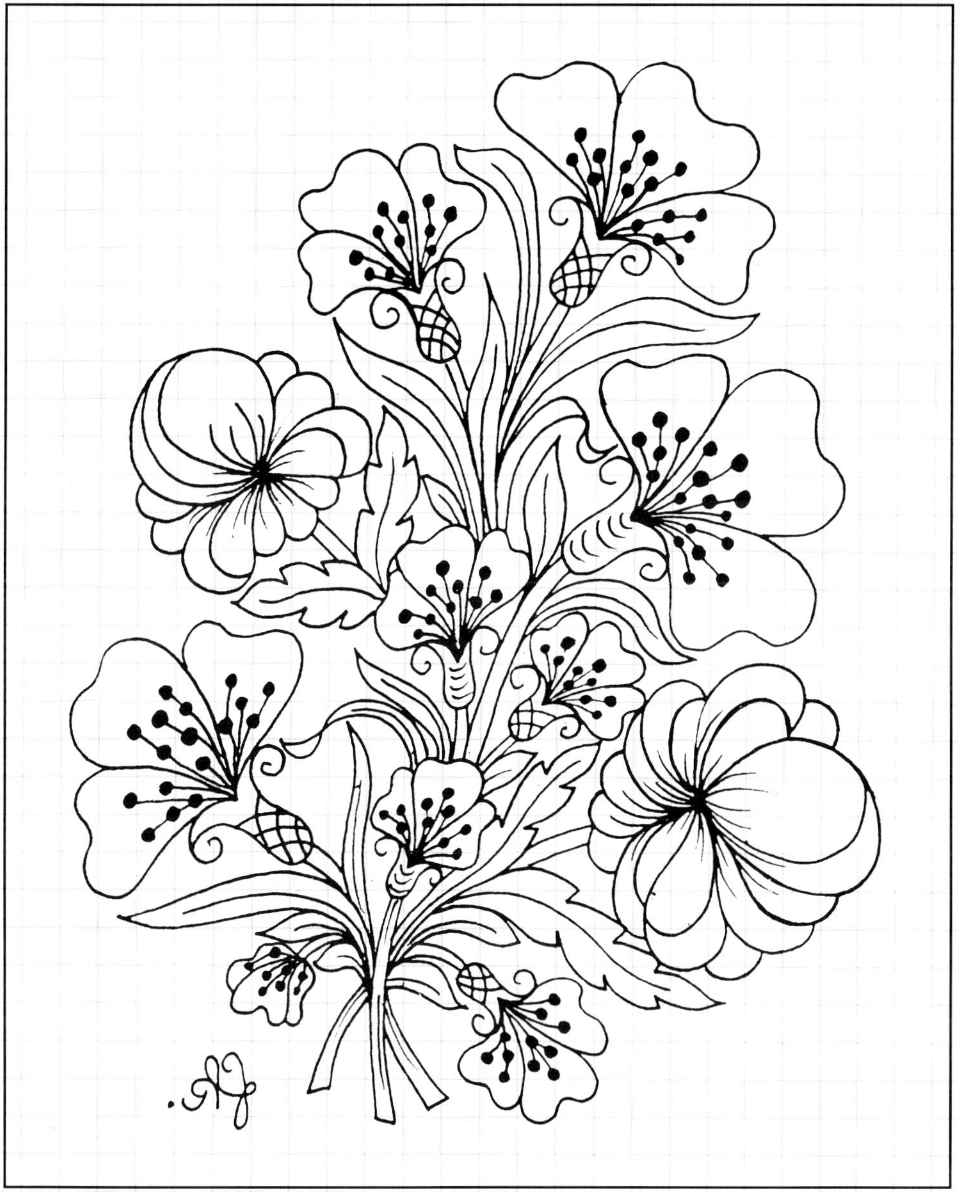

Fertiges Werkstück
siehe Seite 36

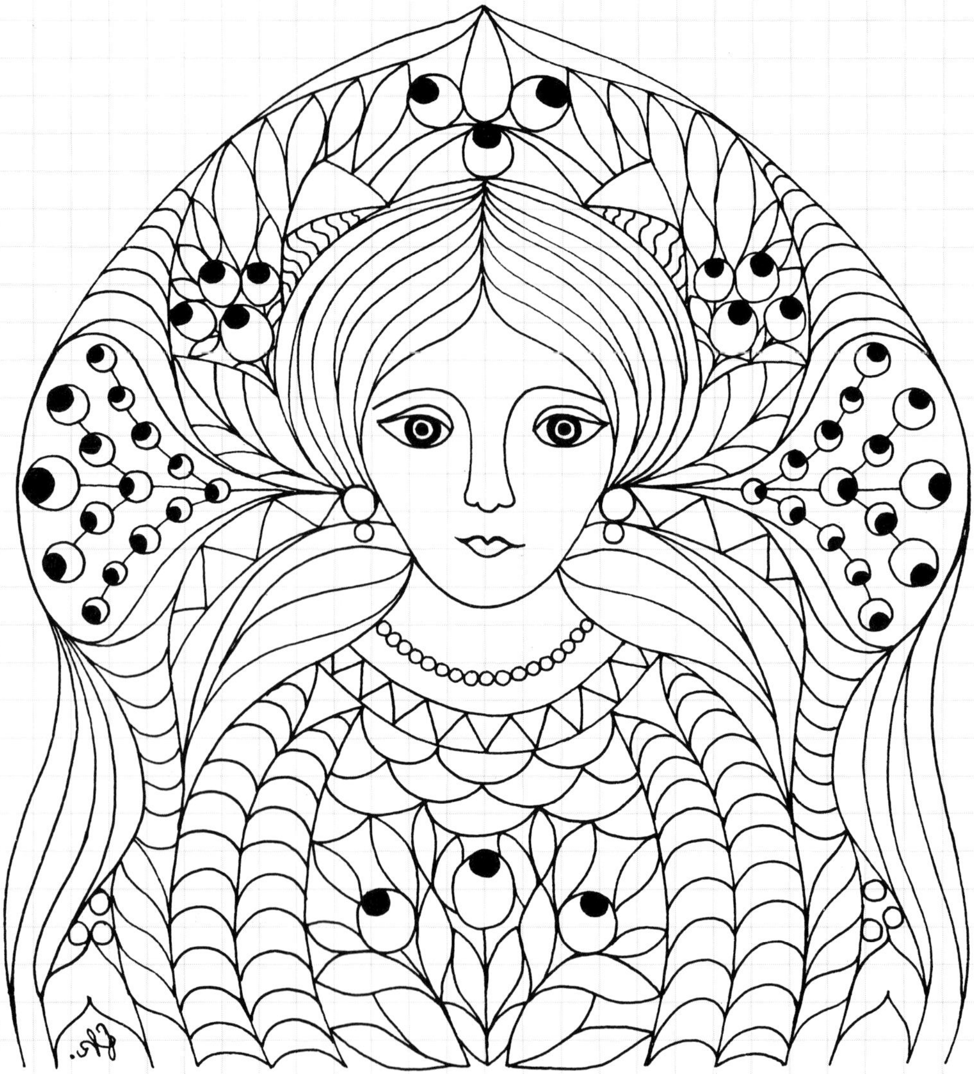

Fertiges Werkstück siehe Seite 39

Für jeden etwas ...

Praktische Gebrauchsbücher stehen Ihnen, lieber Leser, mit Rat und Information zur Seite, wenn es darum geht, Fragen des täglichen Lebens zu beantworten. Die hervorragende Sachkenntnis und die verständliche Sprache unserer Fachautoren sind ebenso selbstverständlich wie die sorgfältige Ausstattung unseres großen Buchprogramms. Damit bietet Ihnen der Falken-Verlag Bücher zum Lesen und Nachschlagen, mit denen Sie Ihr Leben aktiv und erfolgreich gestalten können.

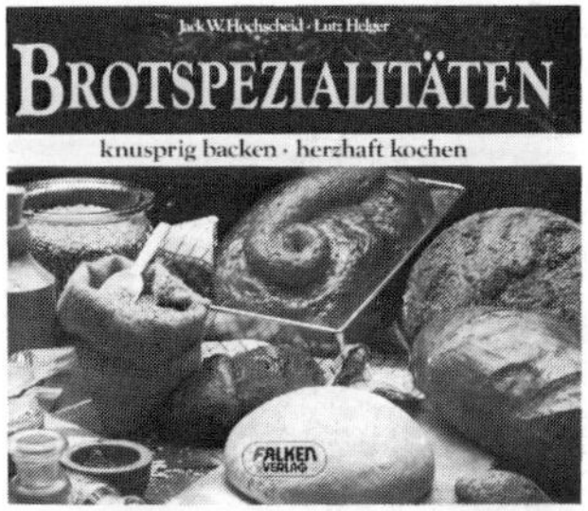

(5088) Von J. Hochscheid u. L. Helger, 64 S., 49 Farbf., Pbd., DM 12.80, S 99.–

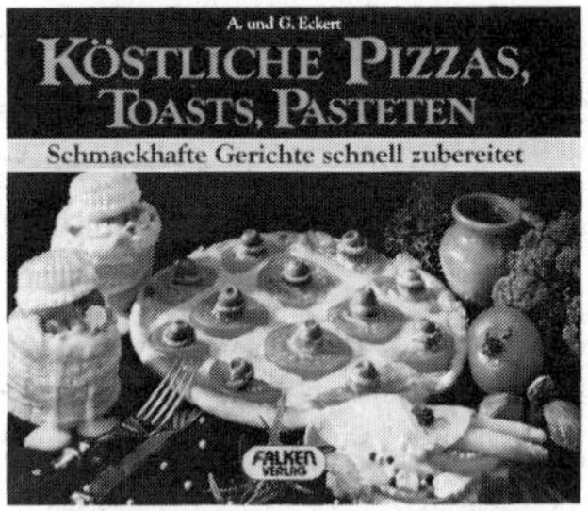

(5081) Von A. G. Eckert, 64 S., 50 Farbfotos, Pbd., DM 12.80, S 99.–

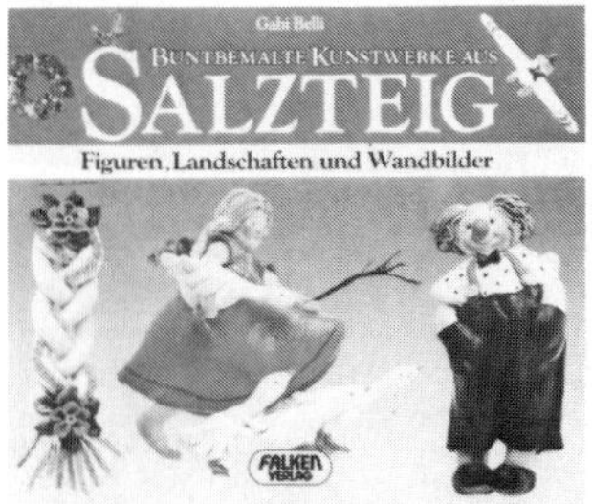

(5141) Von G. Belli, 64 S., 165 Farbfotos, Pbd., DM 12.80, S 99.–

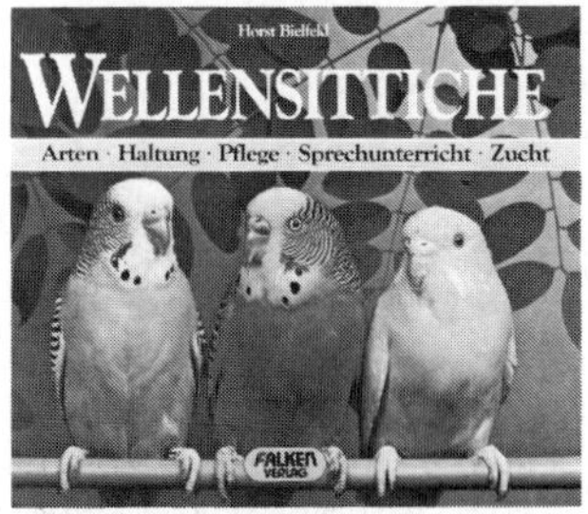

(5136) Von H. Bielfeld, 64 S., 59 Farbabb., Pbd., DM 12.80, S 99.–

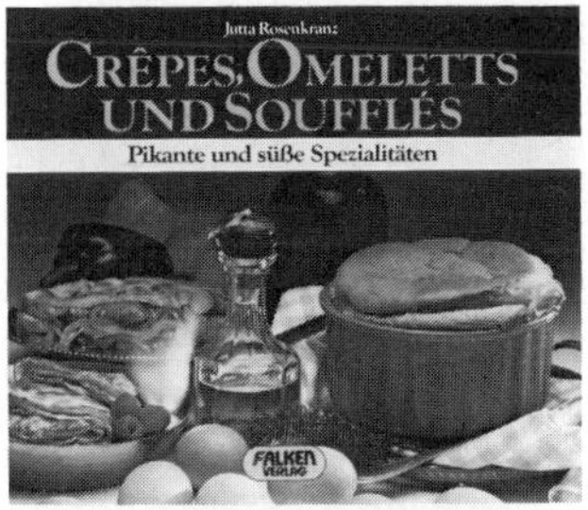

(5131) Von J. Rosenkranz, 64 S., 45 Farbfotos, Pbd., DM 12.80, S 99.–

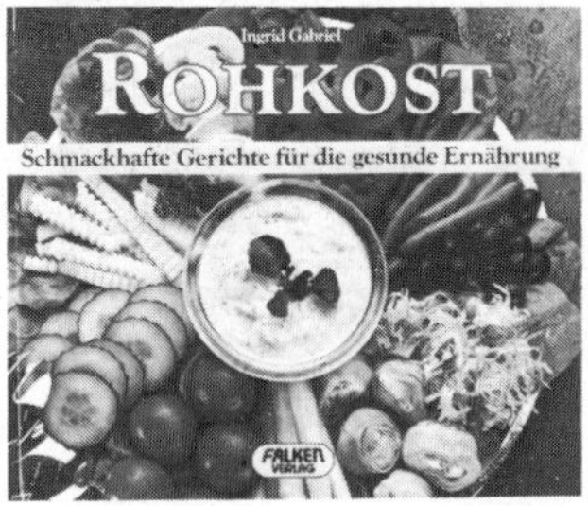

(5044) Von I. Gabriel, 64 S., 53 Farbfotos, Pbd., DM 12.80, S 99.–

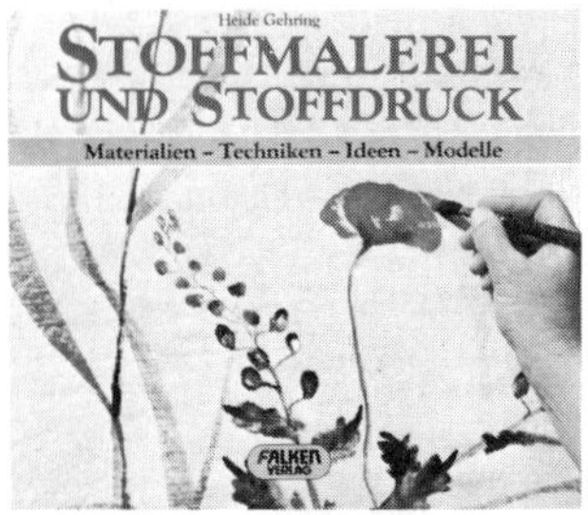

(5074) Von H. Gehring, 64 S., 110 Farbfotos, Pbd., DM 12.80, S 99.–

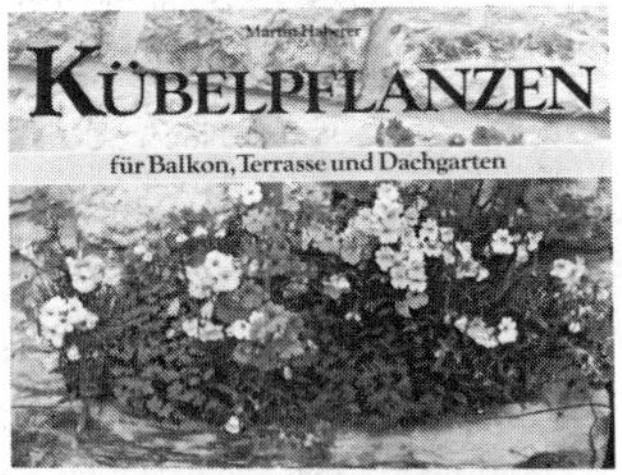

(5132) Von M. Haberer, 64 S., 70 Farbfotos, Pbd., DM 14.80, S 119.–

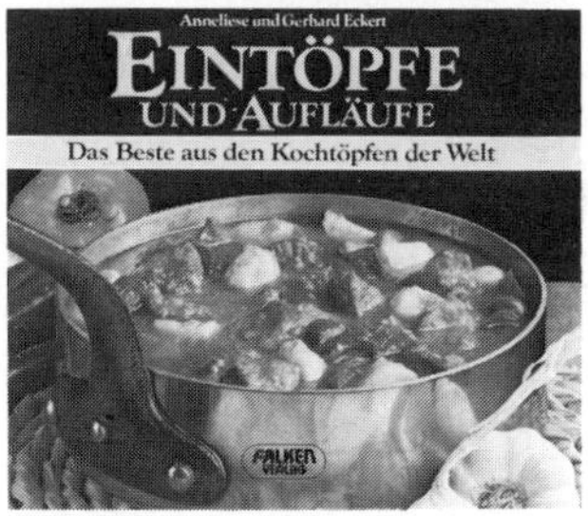

(5079) Von A. u. G. Eckert, 64 S., 50 Farbfotos, Pbd., DM 12.80, S 99.–

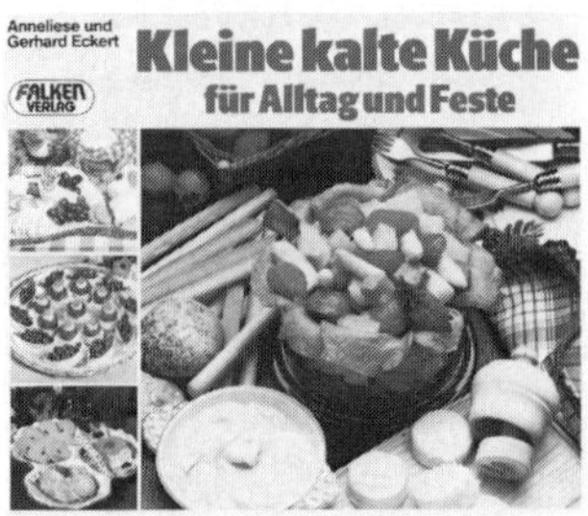

(5097) Von A. u. G. Eckert, 64 S., 45 Farbfotos, Pbd., DM 12.80, S 99.–

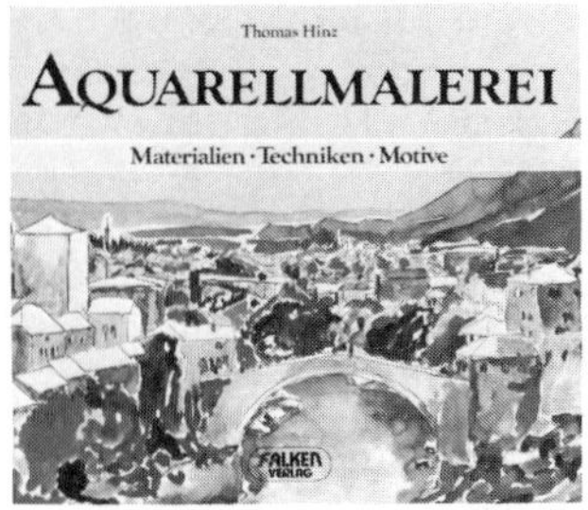

(5099) Von T. Hinz, 64 S., 168 Farbfotos, 21 Zeichn., Pbd., DM 12.80, S 98.–

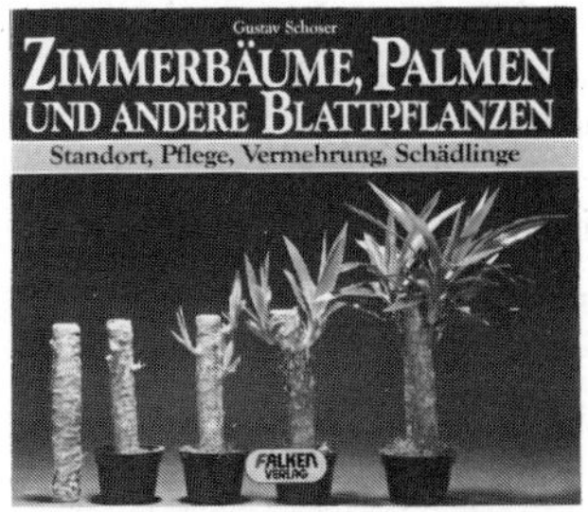

(5111) Von G. Schoser, 96 S., 98 Farbfotos, 7 Zeichn., Pbd., DM 19.80, S 159.–

Falls durch besondere Umstände Preisänderungen notwendig werden, erfolgt Auftragserteilung zu dem bei der Lieferung gültigen Preis.

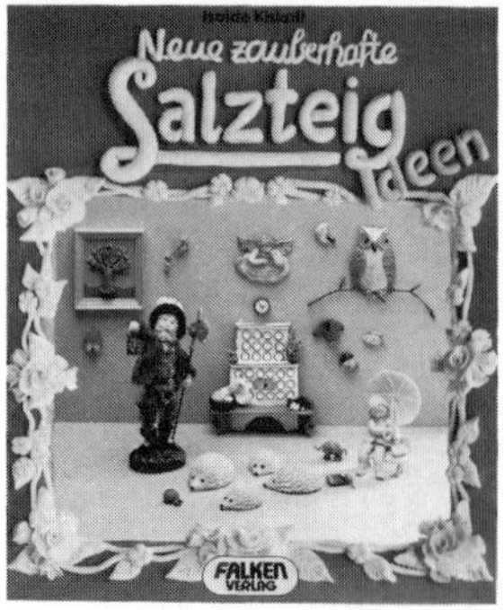

(0719) Von I. Kiskalt, 80 S.,
320 Farbfotos, 12 Zeichnungen,
kart., DM 19.80, S 159.–

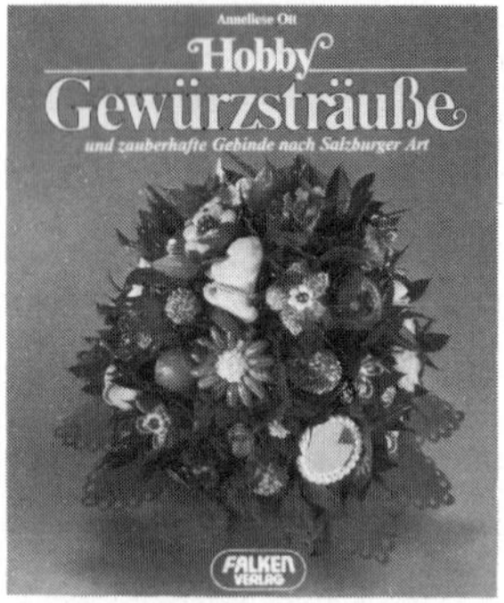

(0726) Von A. Ott, 80 S., durchgehend vierfarbig, 101 Fotos,
51 Zeichnungen, kart., DM 19.80,
S 159.–

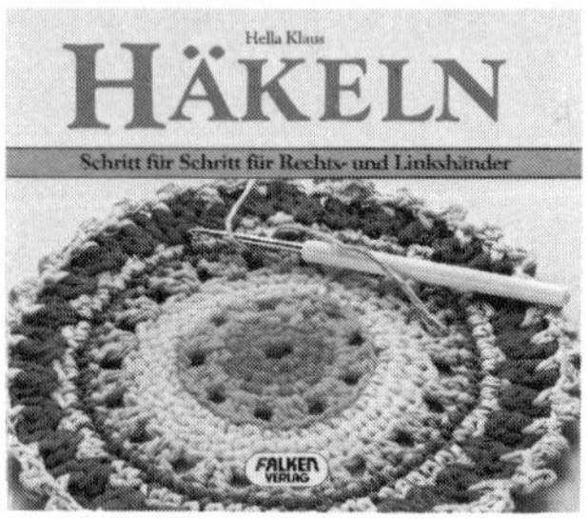

(5134) Von H. Klaus, 64 S., 120 Farbfotos, 144 Zeichnungen, Pbd., DM
14.80, S 119.–

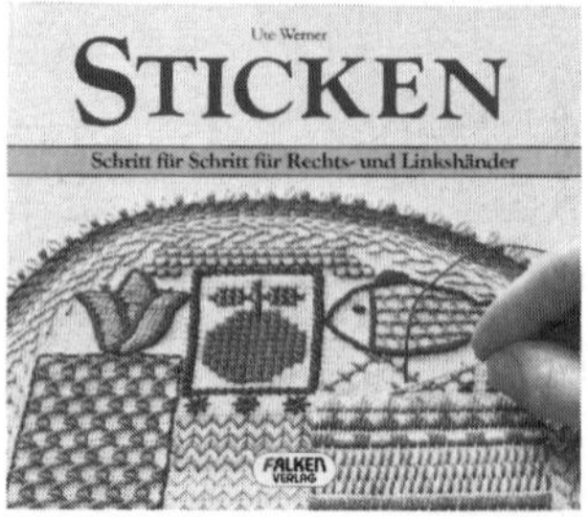

(5135) Von U. Werner, 64 S.,
196 Farbfotos, 96 Zeichnungen, Pbd.,
DM 14.80, S 119.–

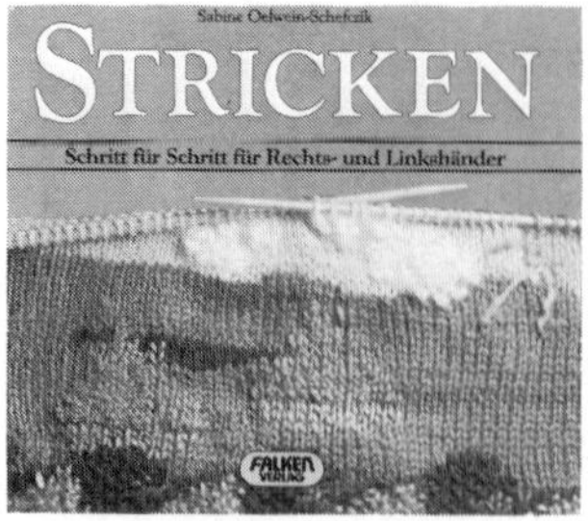

(5142) Von S. Oelwein-Schefczik,
64 S., 148 Farbfotos, 173 Zeichnungen, Pbd., DM 14.80, S 119.–

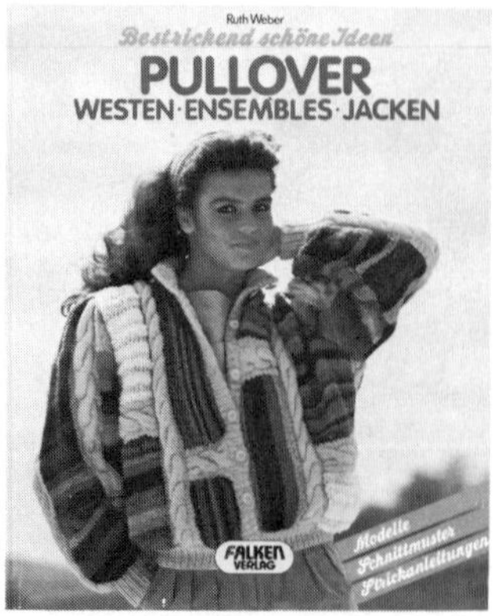

(4178) Von R. Weber, 208 S.,
220 Farbfotos, 358 Zeichnungen,
Pbd., DM 29.80, S. 239.–
Jedes Modell ist farbig abgebildet und Schritt für Schritt mit Schnittzeichnungen, Symbolschrift und Tips erläutert.

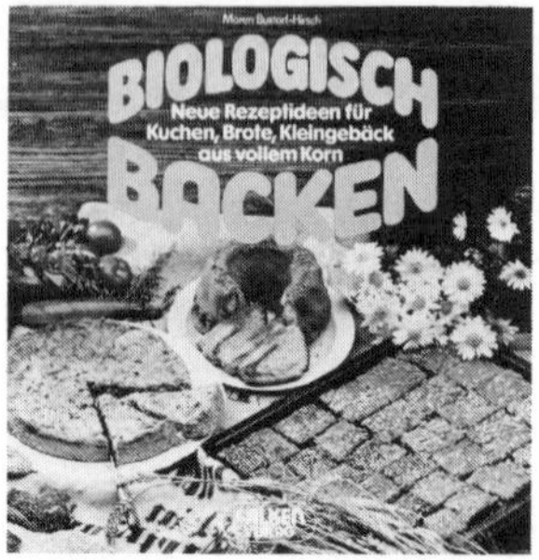

(4174) Von M. Bustorf-Hirsch, 136 S.,
15 Farbtafeln, 47 Zeichnungen, kart.,
DM 14.80, S 119.–

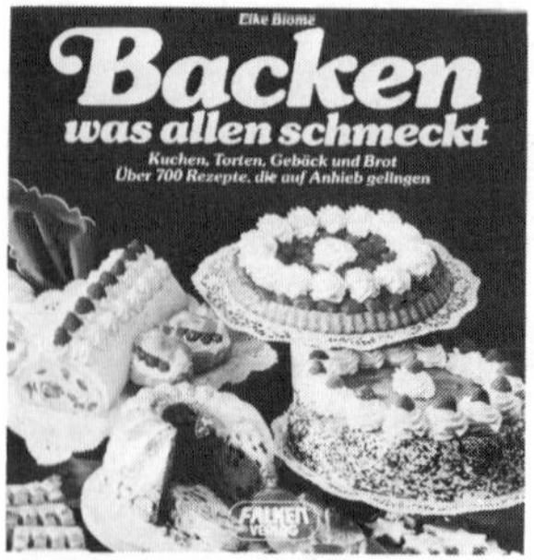

(4166) Von E. Blome, 556 S.,
40 Farbtafeln, Pbd., DM 19.80,
S 159.–

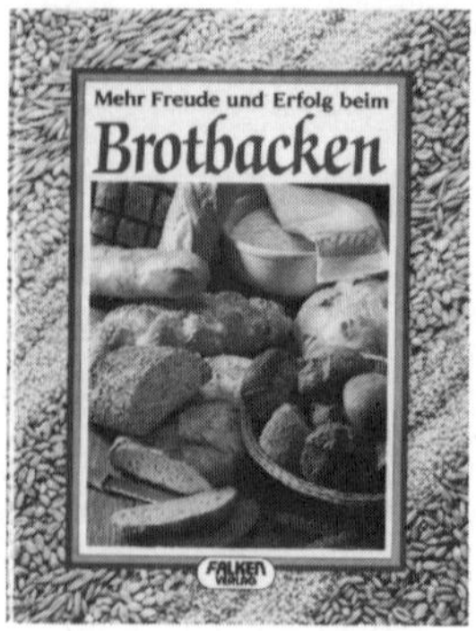

(4148) Von A. u. G. Eckert, 160 S.,
177 Farbfotos, Pbd., DM 24.80,
S 198.–

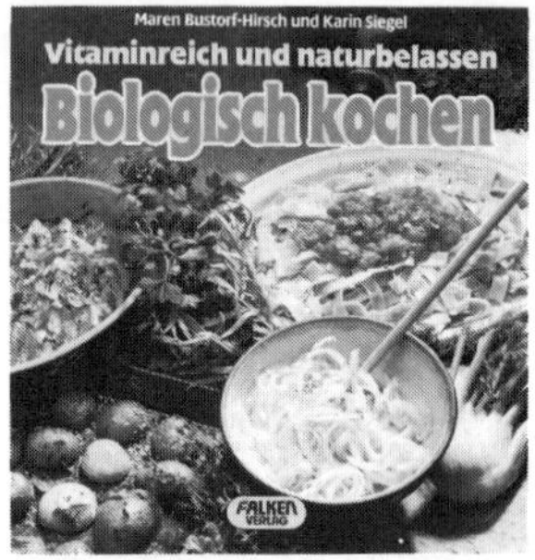

(4162) Von M. Bustorf-Hirsch, K. Siegel, 144 S., 15 Farbtafeln, kart.,
DM 14.80, S 119.–

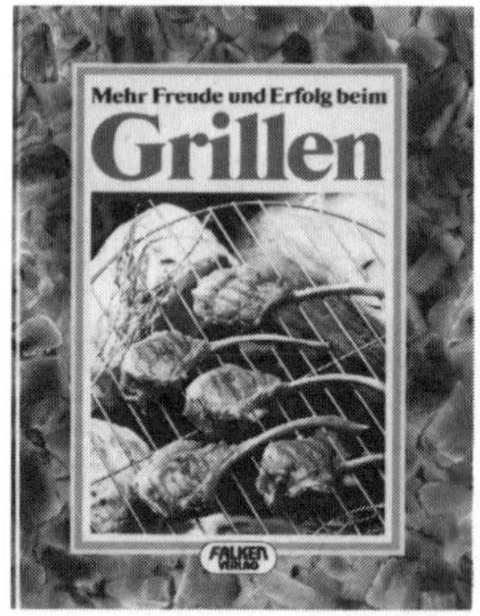

(4141) Von Alfred Berliner, 160 S.,
über 130 Farbfotos, DM 24.80,
S 198.–

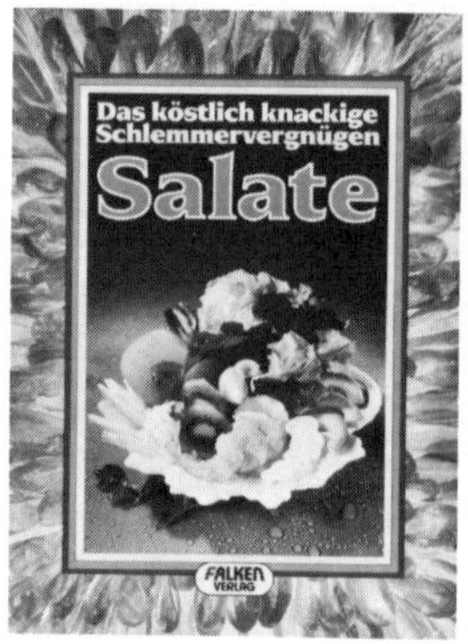

(4165) Von V. Müller, 160 S., 80 Farbfotos, Pbd., DM 24.80, S 198.–

Falls durch besondere Umstände Preisänderungen notwendig werden, erfolgt Auftragserteilung zu dem bei der Lieferung gültigen Preis.

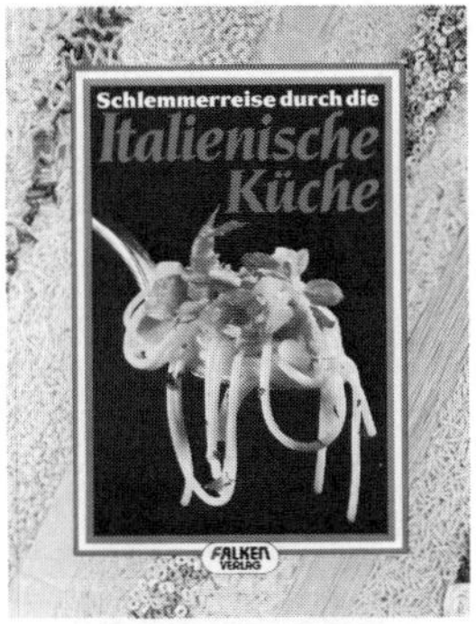

(4172) Von V. Pifferi, 160 S., 109 Farbfotos, Pbd., DM 24.80, S 198.–

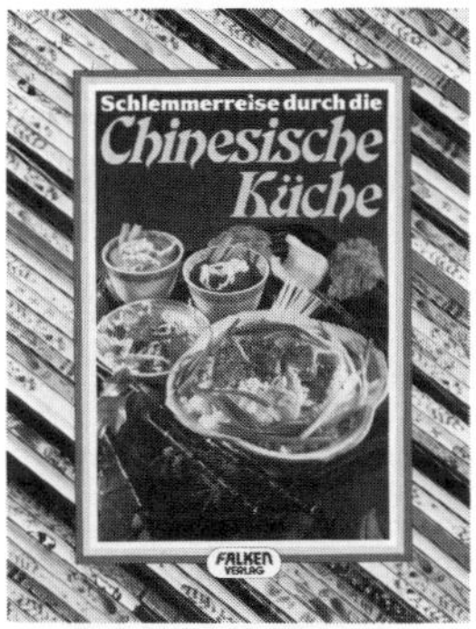

(4184) Von Kuo Huey Jen, 160 S., ca. 120 Farbfotos, Pbd., DM 24.80, S 198.–

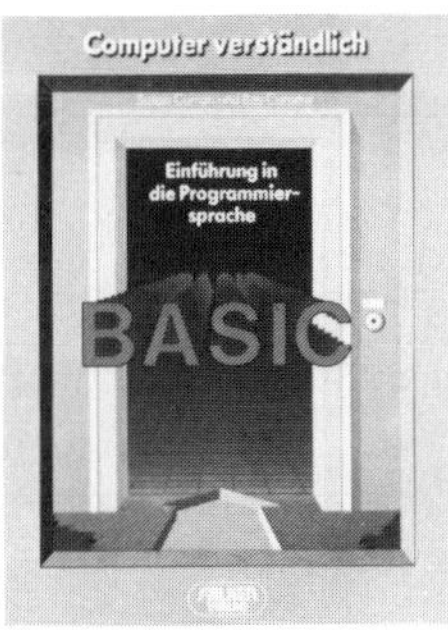

(4303) Von S. Curran, R. Curnow, 191 S., durchgehend 2farbig, 92 Abbildungen, verdeckte Spirale, DM 19.80, S 159.–

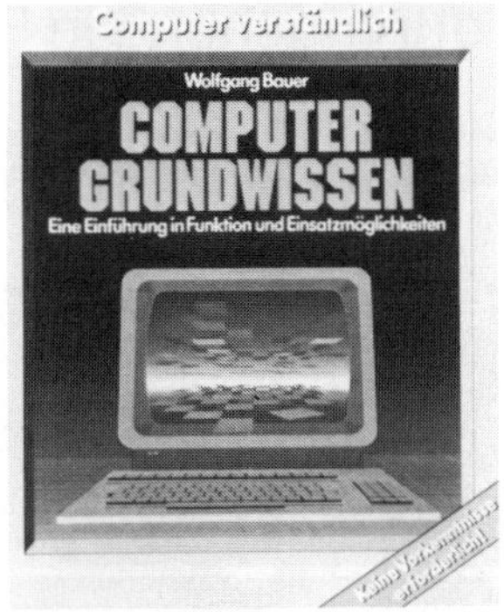

(4302) Von W. Bauer, 176 S., 193 Farb- u. 12 s/w-Fotos, 37 Computergrafiken, kart., DM 29.80, S 239.–
(4301) Pbd., DM 39.–, S 319.–

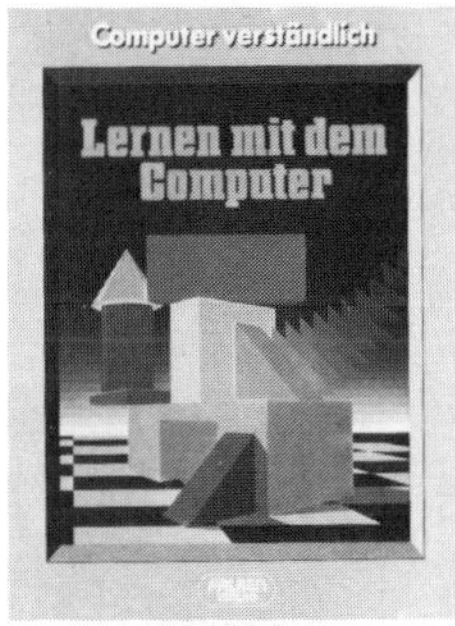

(4304) Von S. Curran, R. Curnow, 143 S., durchgehend 2farbig, 34 Abbildungen, verdeckte Spirale, DM 19.80, S 159.–

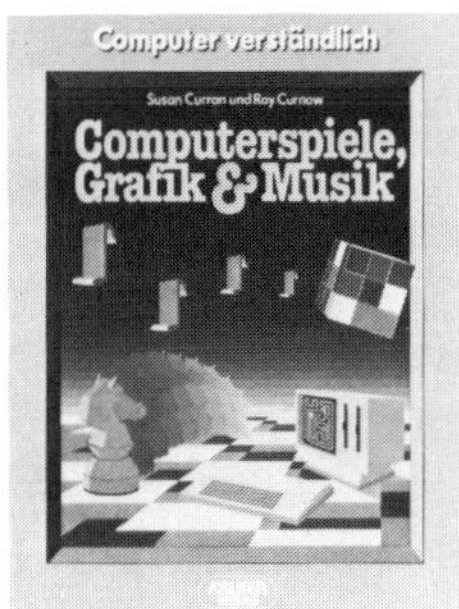

(4305) Von S. Curran, R. Curnow, 147 S., durchgehend 2farbig, 46 Abbildungen, verdeckte Spirale, DM 19.80, S 159.–

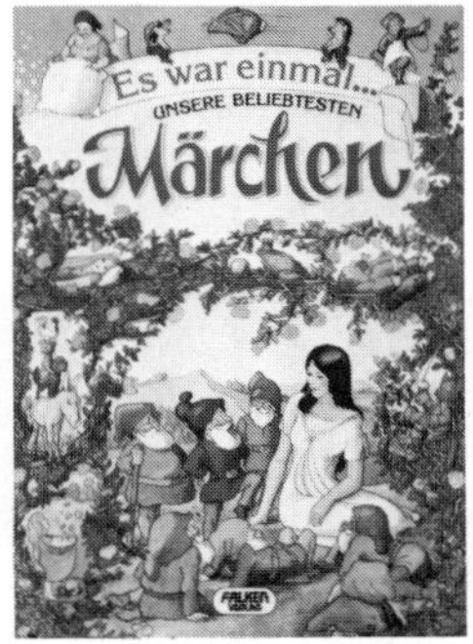

(4170) Hrsg. von R. Wehse und D. Enzian, 208 S., 119 Zeichnungen, Pbd., DM 19.80, S 159.–

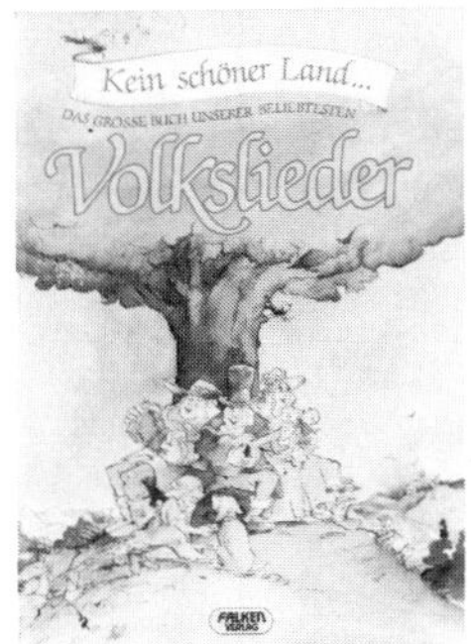

(4150) 208 S., 108 Farbzeichn., Pbd., DM 19.80, S 159.–

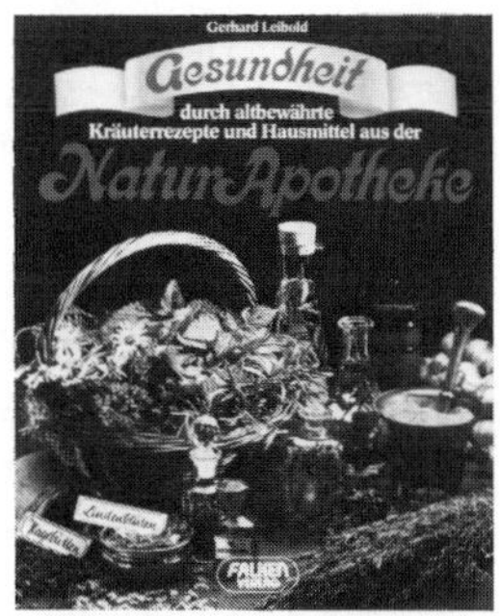

(4156) Von G. Leibold, 236 S., 8 Farbtafeln, 100 Zeichnungen, kart., DM 19.80, S 159.–
(4157) Pbd., DM 29.80, S 198.–

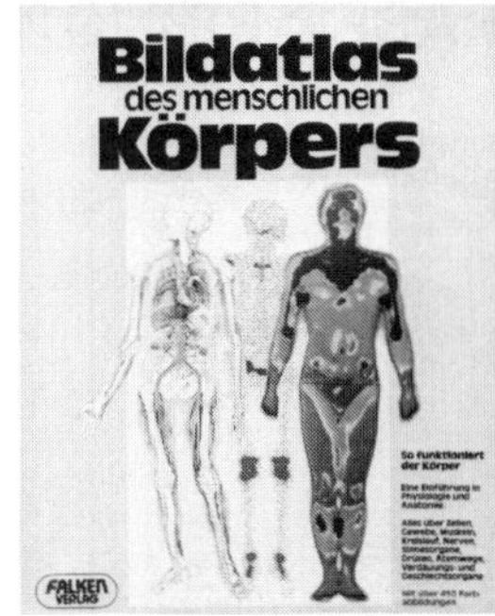

(4177) Von G. Pogliani u. V. Vannini, 112 S., über 450 Farbabb., Pbd., DM 29.80, S 239.–

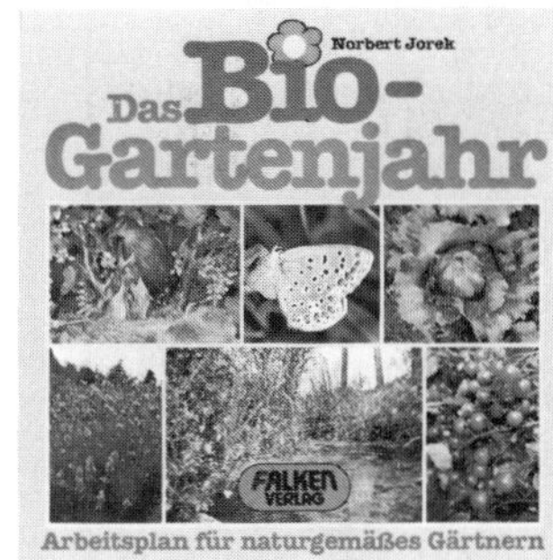

(4169) Von N. Jorek, 128 S., 8 Farbtafeln, 70 s/w-Abb., kart., DM 14.80, S 119.–

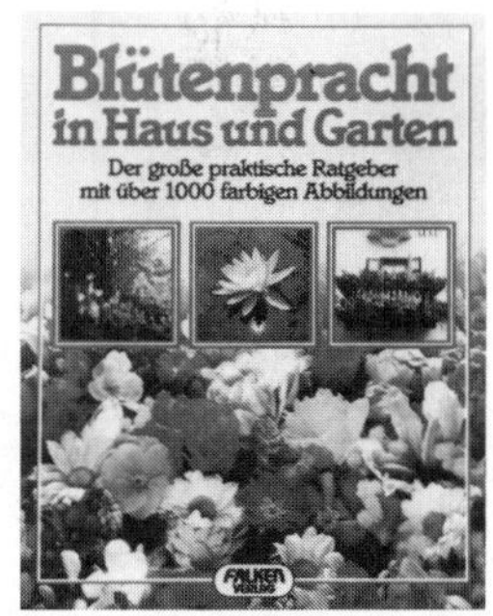

(4145) Von M. Haberer, F. Jantzen, G. Lysek, P. Möhring, N. Uhl, 352 S., über 1000 farb. Abb., Pbd., DM 29.80, S 239.–

Falls durch besondere Umstände Preisänderungen notwendig werden, erfolgt Auftragserteilung zu dem bei der Lieferung gültigen Preis.